创新型素质教育精品教材

工匠之道

新时代大学生素质培育教程

主编 温学延

教·学
资 源

新 华 出 版 社

图书在版编目（CIP）数据

工匠之道 ： 新时代大学生素质培育教程 / 温学延主
编. -- 北京 ： 新华出版社，2024.4
ISBN 978-7-5166-7375-1

Ⅰ．①工… Ⅱ．①温… Ⅲ．①大学生－素质教育－教
材 Ⅳ．①G640

中国国家版本馆 CIP 数据核字(2024)第 075703 号

工匠之道：新时代大学生素质培育教程

主　　编：温学延

责任编辑：林郁郁　李　珊　　　　　　　封面设计：北京金企鹅

出版发行：新华出版社
地　　址：北京石景山区京原路 8 号　　　邮　　编：100040
网　　址：http://www.xinhuapub.com
经　　销：新华书店、新华出版社天猫旗舰店、京东旗舰店及各大网店
购书热线：010-62111051　　　　　　　中国新闻书店购书热线：010-63072012

照　　排：北京金企鹅
印　　刷：北京同文印刷有限责任公司

成品尺寸：185 mm × 260 mm
印　　张：10　　　　　　　　　　　　字　　数：225 千字
版　　次：2024 年 4 月第一版　　　　　印　　次：2024 年 4 月第一次印刷

书　　号：ISBN 978-7-5166-7375-1
定　　价：39.80 元

图书如有印装问题请与出版社联系调换：010-63073969

本书编委会

主　编　温学延

副主编　任静儒　刘　丹　何棋威　陶芷婷

　　新时代是追梦者的时代，也是成就梦想的时代。实现中华民族伟大复兴的中国梦，需要大力加强新时代高技能人才队伍建设。党的二十大报告提出，"深入实施人才强国战略""加快建设国家战略人才力量，努力培养造就更多大师、战略科学家、一流科技领军人才和创新团队、青年科技人才、卓越工程师、大国工匠、高技能人才"。

　　而高技能人才的培养离不开工匠精神。惟有大力弘扬工匠精神，提倡执着专注、精益求精、一丝不苟、追求卓越，让工匠精神释放出璀璨的时代光芒，才能使广大劳动人民守"匠心"、习"匠术"、明"匠德"，在拼搏中不断超越自我、在奋斗中实现人生价值，为实现中华民族伟大复兴的中国梦贡献智慧和力量。

　　匠心聚，百业兴。新征程上，我们比以往任何时候都更加需要工匠精神。为此，我们编写了本书，旨在通过深入浅出的知识讲解、典型深刻的榜样故事和形式丰富的实践活动，引导学生认识到时代所赋予的使命，体悟高技能人才在国家经济社会发展中的重要作用，树立技能成就出彩人生理念，向大国工匠看齐，积极践行"执着专注、精益求精、一丝不苟、追求卓越"的工匠精神，坚定走技能成才、技能报国之路，努力为实现中华民族伟大复兴的中国梦而不懈奋斗。

　　具体而言，本书主要具有以下特色：

铸魂育人，启智润心

　　党的二十大报告指出："育人的根本在于立德。"本书有机融入党的二十大精神，积极落实教育立德树人的根本任务，通过既有理论深度又有实践力度和情感温度的中国故事，如劳模事迹、创新实践案例、中华优秀传统文化故事等，引导学生树立正确的世界观、人生观和价值观，积极践行工匠精神，自觉传承和弘扬中华优秀传统文化，增强文化自信。

榜样示范，匠心培育

平凡铸就伟大，英雄来自人民。无数劳动者锐意进取、艰苦奋斗，描绘出波澜壮阔的创新画卷，书写下发愤图强的动人篇章。本书在正文中穿插了丰富的来自各行各业的榜样故事，充分发掘榜样力量的示范和引领作用，旨在引导学生向榜样看齐，汲取榜样力量，传承榜样精神，激发奋斗动力，守初心、养恒心、淬匠心，用实际行动为新时代发展贡献青春力量。

活页理念，融通教学

本书积极践行活页式教学理念，在每讲均设置了"匠心初探""知行合一""综合评价""学思践悟"等模块，同时穿插"视野纵横""知识链接""课堂互动"等小模块，大大增强了本书的互动性和实践性，既能够帮助学生深刻理解工匠精神的内涵，以及传承、弘扬、践行工匠精神的时代意义，又有助于营造活跃的课堂气氛，充分激发学生的学习热情，引导学生将工匠精神内化于心、外化于行。

平台支撑，资源丰富

本书配置了"二维码"立体化学习资源，学生可以通过扫码观看相关微课视频，更加直观地学习相关历史文化知识，了解榜样故事，从而更深刻地认知、体悟工匠精神，并增强学习的自主性与趣味性。

与此同时，为了方便学校管理、教师教学和学生自学，本书与集教学管理、教学支撑于一体的文旌综合教育平台"文旌课堂"开展了深度合作，学校可借助该平台管理校本课程，教师可借助该平台管理各种教学资源（如教学课件、微课视频等）、布置作业、组织考试，学生可借助该平台阅读课外资源、提交作业、进行线上练习、参加考试等。师生在教与学的过程中有任何疑问，都可以登录该平台寻求帮助。

本书由温学延担任主编，任静儒、刘丹、何棋威、陶芷婷担任副主编。由于编者能力有限，书中存在的不完善之处，敬请各位读者批评指正，以便今后修订时更改修正。

此外，本书在编写过程中，参考了大量的资料。由于部分资料来自网络，我们未能确认出处，也暂时无法联系到原作者。对此，我们深表歉意，并欢迎原作者随时与我们联系，我们将按规定支付酬劳。

🔍 | 本书配套资源下载网址和联系方式

🌐 网址：https://www.wenjingketang.com
📞 电话：4001179835
✉️ 邮箱：book@wenjingketang.com

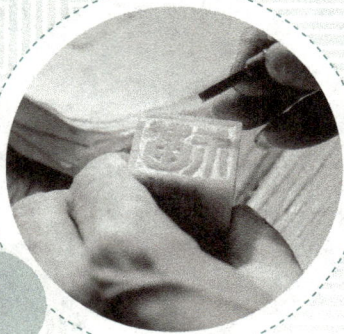

目 录

CONTENTS

专题一

初探工匠精神　理解精神内核

知识目标

- ✓ 知道古代工匠和现代工匠的不同
- ✓ 能说出工匠精神的内涵及其具体表现
- ✓ 理解工匠精神的本质

素质目标

- ✓ 深刻领悟工匠精神，理解其精神内核
- ✓ 树立追求卓越、勇于拼搏的奋斗精神

匠 心 初 探

"我"心中的工匠精神

我国一直以来都非常崇尚工匠精神。如今，全社会更是掀起了大力弘扬工匠精神的热潮。那么，到底什么是工匠精神呢？

新时代的工匠精神包括三个方面——一是爱岗敬业，无私奉献；二是持续专注，开拓进取；三是精益求精，追求极致。

大国工匠高凤林

试油工谭文波

工匠精神总结起来是九个字——精于工、匠于心、品于行。精于工，就是对自己的技艺、产品精益求精；匠于心，就是不断磨炼自己的心智，因为工匠之路是一条修心的路；品于行，就是对自己的人品进行淬炼，用一份专注和执着去完成一个个"中国制造"。

工匠精神就是专注、坚持和创新。专注就是干一行、爱一行、专一行；坚持就是锲而不舍、持之以恒；不断创新，才能持续激发工匠活力。

高级技师潘玉华

某普通职员

某普通职员：我心中的工匠精神是不断追求职业技能的极致和完美，脚踏实地地做好每一件产品，全神贯注地做精每一件产品，在工作岗位上兢兢业业，对产品认真负责。

工匠精神就是爱岗敬业的精神，拥有工匠精神的人往往能在平凡的岗位中干出不平凡的成绩。

某大学生

思考与探究

你认为工匠精神的内涵是什么？结合你的认识谈谈吧！

工匠精神源于"工匠"这一特定职业。我国古代有"士农工商"四民之谓，其中的"工"从一般的意义来说就是指工匠，也就是有手艺专长的人。而《周礼·冬官考工记》对于"工匠"职责则有更明确的界定："知者创物，巧者述之，守之世，谓之工。""工匠"的职责是造物，精湛的技艺是工匠的立足之本。"工匠精神"，是指"工匠"所具备的心无旁骛、臻于化境的精神追求。

进入现代社会，伴随着机械技术乃至智能技术的发展，工匠似乎远离了人们的生活，但工匠并不是消失了，而是以新的面貌出现了。现在的工匠除了有手工艺人外，还包括机械技术工匠、智能技术工匠等各行各业的优秀技术技能人才。

古今中外，在人类历史的长河中涌现了无数能工巧匠，他们在世界文明史上创造了奇迹。古埃及工匠建造的胡夫金字塔被誉为世界七大奇迹之一；印度工匠建造的泰姬陵被誉为"完美建筑"；美国工匠在旧金山建造的大型悬索桥——金门大桥是近代桥梁工程的一项奇迹；法国工匠建造的埃菲尔铁塔在当时突破了建筑史的新高度；等等。

◀ 埃菲尔铁塔

泰姬陵 ▼

中国历史上的工匠们创造的文明成果更是无与伦比。例如，古代工匠建造的故宫是世界上现存规模最大、保存最完整的木质结构古建筑群；历代工匠修建的中国古代军事防御工事——万里长城，被誉为世界七大奇迹之一；秦代陶工制作的秦始皇兵马俑举世闻名，被评为世界十大古墓稀世珍宝之一；李冰父子主持修建的都江堰是全世界迄今为止年代最久、唯一留存、以无坝引水为特征的宏大水利工程，堪称世界水利工程的璀璨明珠……此外，我国古代工匠制作的丝绸、瓷器、漆器、金银器等手工艺品技艺精湛，制作精美，质量上乘，享誉世界。

随堂小记

◀ 万里长城

秦高级军吏俑 ▶

高级军吏俑身穿双重长襦外披彩色鱼鳞甲，头戴鹖冠，双手交垂于腹前拄长剑。迄今出土的秦俑中级别最高的就是高级军吏俑。

中华人民共和国成立后，以劳模为代表的现代工匠继续在中国史乃至世界史上书写着辉煌。鞍钢"三大工程"、南京长江大桥、三峡工程、南水北调、青藏铁路、港珠澳大桥、北京大兴国际机场、高速铁路、特高压输电、国产航母、国产大飞机、国产邮轮……一个个标志性事件、一项项超级工程，改变了中国，惊艳了世界。

▼ 港珠澳大桥

辽宁舰 ▲

千百年来，无数工匠投身于劳动实践，其创造的物质文明成果遍布人类生活的方方面面，形成了以工匠精神为核心的灿烂的工匠文化。

◎ **课堂互动**

你如何看待古今中外的工匠？他们的事迹对你有何启发？

随堂小记

一、工匠精神的内涵

在我国，工匠精神源远流长，"巧夺天工""匠心独运""炉火纯青"等成语都是对这种精神的高度概括。中华人民共和国成立以来，勤劳智慧的中国人民在长期的劳动实践中形成了大庆精神、"两弹一星"精神、载人航天精神……他们不断为工匠精神注入新的内涵。正是在工匠精神的激励下，中国路、中国桥、中国港口、中国核电等，成为一张张让国人引以为傲的"中国名片"。

工匠精神属于职业精神的范畴，是从业者的一种职业价值取向和行为表现，与其人生观和价值观紧密相连，是其在从业过程中对职业高度负责、对产品追求完美的一种态度和理念。具体而言，它是从业者秉承对产品精雕细琢、精益求精的理念，在工作中不断改进产品、改善工艺、追求极致的精神。其基本内涵主要包括以下几个方面。

（一）恪尽职守的敬业精神

"三百六十行，行行出状元。"各行各业都有翘楚，这些人除具备高超的技艺外，还有一个共同点——敬业。正是因为敬业，科研人员潜心钻研、攻坚克难，勇闯科学"无人区"；数百万驻村干部、第一书记投身脱贫攻坚主战场，助力书写反贫困斗争的中国奇迹；无数职工群众在本职岗位上勤勤恳恳，为中华民族伟大复兴事业增砖添瓦……

敬业的内涵

具体而言，敬业精神就是在自己的领域树立主人翁意识，把职业当作事业来对待，在工作中秉持认真踏实、恪尽职守、精益求精的工作态度，力争为企业、行业乃至国家做出自己的贡献。

中国古代最有名的治水英雄大禹就突出体现了"敬业精神"。大禹不仅是中国古代部落的领袖，也是中国最早的水利工程工匠，其在治水中展现出的"三过家门而不入"的敬业精神是后人学习的榜样。

相传，三皇五帝时期，黄河泛滥，百姓深受其害。大禹奉尧帝之命治水，于是告别了新婚的妻子，开始了治水大业。面对滔滔洪水，大禹从父亲鲧（gǔn）用堵截方法治水的失败中汲取了教训，发明了一种疏导治水的新方法，其要点就是疏通水道，使水能够顺利地东流入海。

每当发现一个地方需要治理，大禹就会到各个部落去发动群众参与治水。每次修建水利工程，他都身体力行，坚持奋战在治水一线，和大家一起挖山掘石、同甘共苦。治水期间，大禹曾三次路过自己的家，但是为了尽快完成治水的任务，他只好忍住思念，匆匆离开。大禹躬亲劳苦，尽心尽力，历经13年，终于完成了治水大业。

◀ 大禹治水

课堂互动

中华民族历来有"敬业乐群""忠于职守"的传统，敬业是中华民族的传统美德。早在春秋时期，孔子就主张人始终要勤奋、刻苦，为事业尽心尽力。你是如何看待敬业精神的？有人说"敬业"是笨功夫，你认同这一观点吗？请结合你的见闻谈一谈。

（二）追求极致的精益精神

精益精神是指对精品的坚持和追求，是从业者对每件产品、每道工序都凝神聚力、追求极致的职业品质。精益求精的过程是反复改进、不断完善、不断提升工艺、产品或服务的过程。正如老子所说，"天下大事，必作于细"。能成为行业模范的工匠，无不是凭借着精益求精的精神，在专业的不断精进与突破中成就着"能人所不能"的精湛技艺。

"七一勋章"获得者、大国工匠艾爱国从业以来一直秉持"做事情要做到极致、做工人要做到最好"的信念，多次参与我国重大项目焊接技术攻关，攻克数百个焊接技术难关，是当代工匠的杰出代表。

作为湖南华菱湘潭钢铁有限公司（简称"湘钢"）的焊工，艾爱国自称为"钢铁裁缝"。他勤于钻研，勇于拼搏，乐于吃苦，练就了"钢铁"般的硬本领，先后为我国冶金、军工、矿山、机械、电力等行业攻克焊接技术难关400多个，改进焊接工艺100多项，为全国7个省市区的24家企业无偿解答技术难题40多个。

"征服技术难题，是对一丝不苟、精益求精的工匠精神最好的诠释，我乐在其中。"艾爱国说。

大国工匠艾爱国

◀ 艾爱国（右一）在湖南华菱湘潭钢铁有限公司实验室和同事探讨焊接技术

研发高强度工程机械及耐磨用钢焊接技术的情景，艾爱国最难忘。

以前，工程机械吊臂用的 1 100 兆帕级高强度钢板，全部都是花"天价"从国外进口的。为了实现高强度钢材自产，湘钢决定研发高强度工程机械及耐磨用钢焊接技术。当时的技术难点是，钢板如何在保证足够强度的同时，尽量减轻自身重量。已过花甲之年的艾爱国带领焊接团队攻坚，想方设法啃下了这块"硬骨头"。

"强度越高的钢材焊接性越差，易出现焊接缺陷，这也就意味着其焊接难度更大。"坚硬的钢板成为艾爱国的"绣花布"，从焊接材料到焊接工艺，他一次又一次地试验，一次又一次地调整，不断改进，不断优化，精益求精，终于使钢板的抗拉强度从 690 兆帕提升到 1 100 兆帕，钢板减重 15% 以上，车身寿命提高 50% 以上。以前靠进口要每吨 3 万元的原材料，现在只要每吨 1.2 万元。三一重工、中联重科这些国内工程机械制造业的领军企业，有 80% 的钢材料来自湘钢。

艾爱国的徒弟欧勇说："师父说，做焊工就好比做裁缝，只会把布料缝到一起，算不上好裁缝；只有把布料缝得又漂亮又牢固，且针对不同材料会用不同缝纫方法，才叫好裁缝。当焊工也是一样。"

◎) **课堂互动**

有人说，工作要先"完成"再"完善"。你如何理解这句话？你认同这一观点吗？这一观点和追求精益求精是否有冲突？为什么？

（三）一丝不苟的专注精神

所谓专注，就是着眼于细节的耐心、执着和坚持。工匠之道"贵以专"。从古今中外的实践经验来看，凡是伟大的人都有专注的精神，他们一旦选定行业，就一门心思扎根下去，心无旁骛，专注耕耘，数十年如一日，最终才获得了卓越的成就。

回溯中国历史，追求专注与极致的工匠精神源远流长。解牛的庖丁、削木为鐻（jù，古代的一种乐器）的梓庆、操舟若神的津人……庄子笔下"与物同化"的匠人们展现出专注守心、物我两忘、执着技艺的精神境界与风骨。尔后，这种境界与风骨又分别演化为景德镇千年不熄的窑火、不用一钉"天衣无缝"的榫卯、华服冠绝的刺绣……悄然融进千年不衰的民族精神中。

择一事，终一生。敦煌研究院文物修复师李云鹤是国内石窟整体异地搬迁复原成功的第一人，也是国内运用金属骨架修复保护壁画获得成功的第一人。李云鹤一生专注于文物保护工作，在耄耋之年还守护在敦煌。他对待工作的态度是："对文物要有感情，要把文物保护工作当作终身事业，并用一生去保护她。"

知识链接

敦煌文化艺术，又称莫高窟文化艺术，被誉为"东方世界的艺术博物馆"。它保存了公元 4 世纪到 11 世纪的洞窟 735 个，彩塑 2 400 余尊，壁画 4.5 万多平方米，唐宋木构建筑 5 座。它既是中国古代文明的一个璀璨的艺术宝库，也是曾经发生在古代丝绸之路上的不同文明之间对话和交流的重要见证。

◀ 李云鹤在修复雕塑

李云鹤在修复壁画 ▶

1956 年，敦煌文物研究所所长常书鸿问李云鹤："你在工作中很踏实，安排你做壁画彩塑的保护工作怎么样？"就这样，李云鹤走上了文物修复的道路。60 多年来，他在全国 11 个省市、30 多家文物单位，先后抢修洞窟 100 余座，修复了 4 000 多平方米壁画、500 多尊塑像。经过他数十年来的努力，莫高窟壁画已经从抢救性修复向预防性保护过渡。李云鹤在敦煌文物修复的第一线坚守了一辈子，他说："总感觉还有很多事没来得及做。只要身体好，我就会继续修复。我多保护一点儿（文物），就能多给子孙留下一点儿。"

终一生，成一业。袁隆平院士一生致力于杂交水稻事业，为推进粮食安全、消除贫困、造福民生做出了杰出贡献。他认真、耐心、专注，用自己几十年如一日的执着坚守生动诠释了什么才是真正的大国工匠。

"发展杂交水稻，造福世界人民"是袁隆平毕生的追求和梦想。为了实现这一宏愿，袁隆平 60 多年如一日地在田间耕作，在研究室做研究，用烈阳下的身影和流淌在试验田中的汗水诠释了一位"大国工匠"的坚守。90 岁时，袁隆平还曾表示："我的工作是非常有意义的，我觉得我的身体还可以，脑瓜子还没'糊'，所以我还可以继续工作，从'90 后'一直搞到'100 后'。"

◀ 袁隆平在查看水稻生长情况

"杂交水稻之父"袁隆平

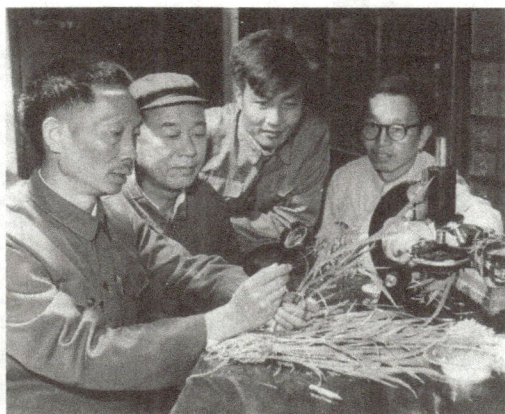

▲ 袁隆平（左一）与科研团队成员早年的工作照

正如 2004 年《感动中国》节目给袁隆平的颁奖词中所写："他是一位真正的耕耘者。当他还是一位乡村教师的时候，已经具有颠覆世界权威的胆识；而当他名满天下的时候，却仍然只是专注于田畴。淡泊名利，一介农夫，播撒智慧，收获富足。他毕生的梦想，就是让所有的人远离饥饿。"

袁隆平一生致力于杂交水稻技术的研究、应用与推广，带领团队发明了"三系法"籼型杂交水稻，成功研究出"两系法"杂交水稻，创建了超级杂交稻技术体系，为我国粮食安全、农业科学发展和世界粮食供给做出了巨大贡献，被誉为"杂交水稻之父"。

（四）追求卓越的创新精神

工匠精神意味着执着、坚持、专注，但它绝不等同于因循守旧、抱残守缺的"匠气"。守正创新、追求突破是工匠精神的应有之义。这意味着，工匠必须把"匠心"融入生产的每个环节，既要有对职业敬畏、对质量严守的职业精神，又要有追求突破、勇于革新的创新活力。

古往今来，热衷于创新和发明的工匠们一直是推动世界科技进步的重要力量。中国古代四大发明闻名于世，是古代中国为世界留下的璀璨成果，为人类文明进步做出了巨大贡献。此外，我国历史上还有很多能体现古人高超的科技智慧和创新精神的发明，如水运仪象台。

北宋时期，苏颂和韩公廉发明的水运仪象台精妙绝伦，是一座集计时、报时、天象观测和星象演示三项功能于一体的大型天文钟，是当时世界上最先进、技术综合程度最高的大型机械装置，也是世界上最古老的天文钟。

根据苏颂所著的《新仪象法要》记载，水运仪象台高约 12 米，宽约 7 米，是一座上狭下广、底部呈正方形的木结构建筑。水运仪象台共分三层：顶层为浑仪，用于观测星空，上方的屋形面板在观测时可以揭开；中层为浑象，用于显示星空；底层为动力装置及计时、报时装置，通过齿轮传动系统与浑仪、浑象相连，使这座三层结构的天文装置环环相扣，与天体同步运行。

水运仪象台底层的报时装置为塔形，塔的最上层有 3 个木人，中间绿衣木人每到一刻（15 分钟）便击鼓一声，右侧红衣木人每到时初（宋朝时每个时辰分为 3 个部分：初时、正时和末时）便摇铃一次，左侧紫衣木人每到时正便叩钟一下；塔的最下两层为夜间值更者，举牌显示更点（古时将一夜分为五更，每更分为五点），并敲击金钲（zhēng，一种古乐器）通知某个更点已至。整个报时装置共有 160 多个小木人，以及钟、鼓、铃、钲四种乐器，不仅可以显示时、刻，还能报夜晚的更点。

水运仪象台以水为动力，但并非只是简单地用水冲击水轮，而是通过精巧的机械设计，利用流量稳定的水流实现等时精度很高的回转运动，进而计时。水运仪象台的杠杆擒纵装置——"天衡"系统，与现代钟表的擒纵器作用相似，英国的科技史学家李约瑟认为其"很可能是欧洲中世纪天文钟的直接祖先"。

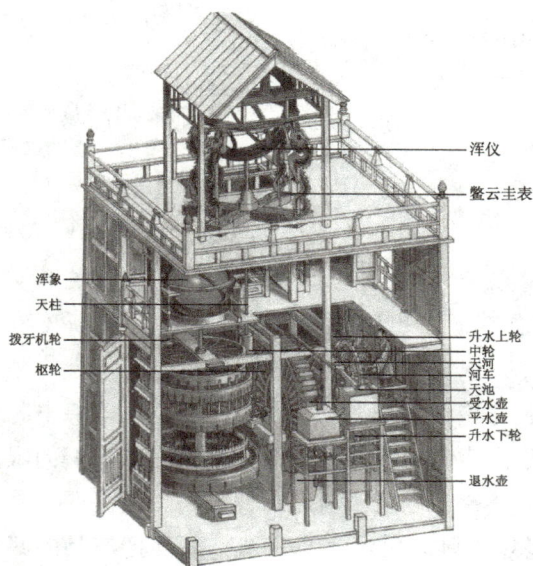

浑仪

鳌云圭表

浑象
天柱
拨牙机轮
枢轮

升水上轮
中轮
天河
河车
天池
受水壶
平水壶
升水下轮

退水壶

▲　水运仪象台示意图

《润州先贤录》中的苏颂画像　▲

　　中华人民共和国成立以来，中国涌现了一大批与时俱进、锐意创新的工匠典范。他们是工匠精神的优秀传承者，他们来自各行各业，他们的创新实践，如中国高铁、特高压输电、量子计算机、中国天眼等推动了中国科技的发展，让中国创新重新影响了世界。

中国第三代自主超导量子计算机"本源悟空"▶

◀　中国天眼

随堂小记

课堂互动

你知道哪些具有创新精神的人物？和周围的同学分享一下他们的故事吧。

二、工匠精神的本质

从根本上说，工匠精神是一种对"完美"的不懈追求。这种追求不仅体现在对待工作尽心竭力、精益求精的态度上，也体现在攻破难题时对创新孜孜不倦的探索上。

在《中国梦·大国工匠》导读中有这样一段话："一份专注，淬炼出时光的品质；一份坚守，琢磨出情怀的精致；他们的手，有毫厘千钧之力；他们的眼，有秋毫不放之工；他们兢兢业业，让平凡有了梦想的温度。他们是大国工匠，是'中国制造'的时代精神。"大国工匠坚守质量品质，一生打造精品，把产品的好坏看成自己人格和荣誉的象征，生动地诠释了工匠精神的本质内涵。

如今，工匠精神已经超越了"工"本身的范畴，并不是某一类人所特有的，它是一种做事情时全心投入、追求极致的态度，这种态度在今天仍然是推动社会发展的重要力量。不论从事什么工作，只有秉承工匠精神，才能不断思考，发现可以或需要改善的地方，并在追求极致的过程中发现工作的价值与意义。

课堂互动

你如何理解工匠精神的本质？你身边有具备工匠精神的人吗？他们的哪些特质值得你学习？

知行 合 一

寻工匠　育匠心
——工匠访谈活动

活动任务

学完本讲的内容，想必你已经对工匠精神有了更加深入的认识。你平时留意过身边的工匠吗？和同学们一起走出课堂，找一找身边的工匠，感受和学习他们身上的工匠精神吧！

请通过实地走访、访谈等方式深入了解身边的工匠，并将实践的过程以 vlog 视频的形式记录下来。

活动分组

班级学生自由分为若干个小组，每组 4～6 人。各小组选出组长并根据组员的意愿和能力进行任务分工，然后将小组成员及分工情况填入表 1-1 中。

表 1-1　小组成员及分工情况

班级		组号		指导教师	
小组成员	姓名	学号		任务分工	
组长					
组员					

活动准备

（1）走进周边的企业、工厂、工作室等，寻找工匠，并确定2～3个访谈对象。

（2）掌握访谈的基本技巧，准备必要的采访设备。

活动实施

按照任务分工实施活动，然后将具体的实施情况记录在表 1-2 中。

表 1-2　活动实施情况

时间安排	实施步骤
	（1）拟定访谈提纲，并与访谈对象沟通访谈提纲和访谈流程。 （听取访谈对象的意见和建议，并对访谈过程中可能涉及的问题进行沟通）
	（2）拍摄访谈对象的工作环境、作品等视频素材。 （在这个过程中，小组成员可以增进对访谈对象的了解，为后续访谈工作的顺利进行奠定基础）
	（3）根据访谈提纲与访谈对象交流、探讨，并将采访过程拍摄下来。
	（4）拍摄访谈对象的工作日常。
	（5）如果条件允许，亲身体验工匠的工作，并拍摄视频素材。
	（6）整理视频素材和访谈记录，制作 vlog 视频，并发布在社交平台上。 （邀请老师、家人、朋友观看 vlog 视频，获得观后反馈，进行总结反思）

综合 评价

　　请学生本人、小组成员、指导教师针对学生在本项目的实际学习成果进行评价，完成表 1-3 所示的学习成果评价表。

表 1-3　学习成果评价表

班级		组号		日期			
姓名		学号		指导教师			
项目	评价内容		分值	自评	互评	师评	
理论知识（20%）	能正确认识工匠群体，并说出几个工匠的名字、事迹		5				
	能结合实例详细阐述工匠精神的内涵		10				
	能认知工匠精神的本质，并在日常生活中识别具有工匠精神的人		5				
活动实施（40%）	积极参与课堂内外交流，认真做好实践活动准备		10				
	勤于实践，勇于创新，在活动中表现积极，充分发挥个人作用		10				
	访谈提纲结构合理，问题设置得当，访谈过程进行顺利		10				
	vlog 剪辑流畅，形式新颖，制作精美，内容深刻且具有启发性		10				
综合素养（40%）	具备自主学习意识和独立思考能力，富有探索精神		10				
	具备团队合作意识和协作能力，富有责任感		10				
	具备追求卓越的品质，善于发现生活中具有工匠精神的人，并取长补短，不断进步		20				
总评	自评（20%）+互评（30%）+师评（50%）=						
自我评价							
教师评价							

学思 践 悟

学习完本专题内容，请结合自身实际情况，写下你的所学所得、感悟体会与成长目标吧！

所学所得

感悟体会

成长目标

专题二

溯源工匠精神　了解古代工匠

知 识 目 标

✓ 了解我国古代工匠精神的发展演变

✓ 了解我国古代工匠精神的代表人物

素 质 目 标

✓ 了解古代工匠的非凡成就，学习古代工匠的优秀品格

✓ 感受中华优秀传统文化和非遗技艺的魅力，树立文化自信，培养爱国
情怀

匠心初探

震古烁今的古代"中国制造"

中国是世界四大文明古国之一，拥有五千多年的历史和灿烂辉煌的手工艺文化。回顾历史，我们便会发现，"中国制造"在古代时期就闻名世界。中华文化的瑰宝——陶瓷、漆器、木雕、玉雕、景泰蓝、丝绸和刺绣等手工艺品至今仍享誉世界。以下就是几件充满魅力的古代"中国制造"。

（新石器时代）陶鹰鼎 ▶

陶鹰鼎是新石器时代后期仰韶文化陶器，由泥质黑陶制成，造型是一只驻足站立的雄鹰。其于1993年洛桑申奥展览会上7件代表中国文化的文物之一，是中国史前陶器、雕塑艺术的代表作，也是原始艺术与实用功能完美结合的典范。

彩漆木雕小座屏为战国漆器工艺的代表作。其高15厘米，长51厘米，座宽12厘米，屏厚3厘米，以黑漆为底，上施各色漆加以彩绘，并于方寸之间雕刻51只鸟兽形象。整个座屏利用榫卯结构相合，精密严整，浑然天成，堪称艺术瑰宝。

▲ （战国）彩漆木雕小座屏

长信宫灯灯体由青铜铸造，通体鎏金，外形是一宫女跪地执灯。其设计巧妙，可以随意调整灯光的照射角度和方向，同时利用虹吸原理，通过宫女的右臂（虹管，即导烟管）将灯烟吸入灯座，既环保又美观。其设计精巧，制作工艺高超，被誉为"中华第一灯"。

（西汉）长信宫灯 ▼

◀ （北宋）灵鹫纹锦袍

灵鹫纹锦袍是中国出土的最完整的织锦袍服。其色彩和谐，织工精良，无论是织锦的纹样，还是锦袍款式都别具一格，是北宋织锦工艺的代表之作。

思考与探究

（1）你看到上述震古烁今的古代"中国制造"后，有何感受？

（2）你还知道哪些了不起的古代"中国制造"？这些瑰宝折射了我国古代工匠怎样的工匠精神？

一、中国工匠精神的孕育、产生、发展和传承

中国有悠久的手工业历史，在中华文明源远流长的历史长河中，涌现出了无数能工巧匠。这些能工巧匠创造出的陶器、漆器、玉器、青铜器、织物、雕塑、建筑和园林等，或巧夺天工、气势磅礴，或匠心独具、极尽工巧，小到纤巧细微的器具物品，大到宏伟壮观的建筑宫殿，既蕴含着中华优秀传统文化，又彰显着中国灿烂的工匠文化，至今为后人所称道，为世界所赞叹。这些工匠们书写了中国手工业文明的灿烂，推动中国工匠精神不断发展演变，为其内涵注入了源源不断的生机和活力。

在漫长的社会历史发展进程中，中国工匠精神大致经历了孕育、产生、发展和传承四个阶段。

（一）孕育阶段：注重简约朴素，切磋琢磨

中国的工匠精神体现了万物返璞归真的哲学思维。在工匠精神孕育阶段，工匠们的灵感来源于生活，创作对象取材于自然，他们在切磋琢磨中制作了早期简约朴素的手工艺品。这与当时的生产条件密切相关。

原始社会末期，第二次社会大分工之后，出现了专门从事手工劳动的生产者。在这一时期，由于物质生产相对落后、科技文明相对不发达，人们往往以天然产物为原料加工制造生产工具或生活用具。从粗糙、不规则的打制石器到光滑、匀称的磨制石器，从"未有麻丝，衣其羽皮"到嫘祖"始教民育蚕，治丝茧以供衣服"，从石器、骨器、木器等简单的工艺制作到制陶、房屋建造、舟车制作等复杂的原始手工业，无不体现着早期工匠追求自然改造的简约朴素的工匠精神。

◀ "先蚕圣母"嫘祖

在利用自然原料改造工具的过程中，早期人类发展出了以河姆渡文化、仰韶文化、龙山文化等为代表的史前文明。

河姆渡文化（前5000—前3300）的骨器制作精良，线条流畅，造型美观，一些有柄骨匕（兽骨制的匕首）、骨笄（兽骨制的簪子）上还雕刻了花纹或双头连体鸟纹图案。在生产工具如此落后的原始社会，就能利用天然的工具和材料制作出这样精美的手工艺品，可见早期工匠"切磋琢磨"的淳朴匠心。

河姆渡文化"双鸟朝阳"牙雕 ▶

"双鸟朝阳"牙雕为象牙牙雕，长16.6厘米、宽6.3厘米、厚1.2厘米。这是在当时金属工具尚未出现的条件下雕刻出来的，反映了当时象牙工艺的最高水平，是原始象牙雕刻中的艺术珍品。

"双鸟朝阳"牙雕的正面用阴线雕刻出一组图案，中心为一组大小不等的同心圆，外沿刻有炽烈蓬勃的火焰纹，象征太阳光芒；两侧刻有昂首相望的双鸟，面向太阳振翅起飞；边缘衬托着刻工精细的羽状纹。

"双鸟朝阳"牙雕构图对称和谐，雕刻线条不仅流畅，而且轻重、粗细均匀有致。最为精彩的是牙雕上鸟嘴的曲线，刚劲有力，生动刻画了鸟嘴的坚硬锐利，其次是鸟头部的轮廓线，圆转自如，流畅自然，一气呵成。

双鸟朝阳纹牙雕是河姆渡人精湛雕刻工艺的体现。当时，人们往往先在截取好的象牙材料上打磨出器物的雏形，然后用鲨鱼牙、石英刻刀等坚硬的材料进一步加工雕刻，技法以平面线刻居多，刻工精细，刀法娴熟。

仰韶文化（前5000—前3000）的制陶业比较发达，彩陶的造型和装饰水平都达到了高峰，因此仰韶文化又被称为彩陶文化。当时的彩陶器型优美，表面用红彩或黑彩画出精美的纹饰，包括几何形图案和动物形图案等，反映了当时工匠高超的制陶水平。

在仰韶文化遗址出土的众多遗物中，陶器占有很大的比例，可想而知，对当时的人们来说，制陶已经不再是难事。当时的工匠不仅有专门制陶的工具、设备，还掌握了熟练的制陶工艺。人面鱼纹彩陶盆就是在这群能工巧匠的手中幻化出神采的。

制作陶盆的第一步是和泥。工匠们就地取材，将当地的黏土和着水反复淘洗，去除杂质，再将和好的泥进一步加工以达到制作陶器的要求。然后，他们用双手搓出一根根泥条，并将这些泥条自下而上一圈一圈地盘成需要的形状。接着，他们在陶坯上用陶拍、刮刀等工具进行拍打和修整，这样就可以使器形更加规整，器壁也相对薄厚均匀一些，整体也更紧实、光滑，最终得以成形。有的陶坯还会在转轮上做更加精细的修整。

　　陶坯在做好后需要放置在特定的地方阴干，这一步非常关键，它将决定接下来的其他步骤能否顺利进行。工匠们会对半干的陶坯进行打磨，再修整，待它们干透后才开始彩绘并入窑烧制，烧制时还需要把火候把控得刚刚好。所有这些工序都完成后，才有我们现在看到的这些史前艺术珍品。

人面鱼纹彩陶盆

▲ 仰韶文化人面鱼纹彩陶盆

　　龙山文化（前2500—前2000）的黑陶是继仰韶文化彩陶之后的优秀陶种，被誉为"土与火的艺术，力与美的结晶"。龙山文化遗址中有许多薄、硬、光、黑的陶器，尤其以蛋壳黑陶最为精致，所以龙山文化也被称为黑陶文化。黑陶的制作工艺比原始彩陶工艺更精致、细腻和独特，已达到能与约2 000年后的瓷器工艺相媲美的程度。

　　蛋壳黑陶是龙山文化所特有的一种陶器，因薄如蛋壳而得名。蛋壳黑陶器型仅见高柄杯一种，其特征是器表呈黝亮的黑色，器型规整，器壁极薄，最薄处接近蛋壳，但质地却极坚硬，考古学家评价其"黑如漆，亮如镜，薄如纸，硬如瓷，声如磬"。

　　蛋壳黑陶的胎壁厚仅0.5～1毫米，纹饰一般比较简单，更多地通过器物造型或器物的空间结构进行立体的表达。例如，右图所示高柄杯，器柄中空，内含陶球，器壁上有一排排细密的条形孔，这种镂空工艺时隔4 000多年仍呈现出惊人之美。

　　现代的陶器制作专家发现，要做出一件蛋壳黑陶杯需要16～20道工序，而这背后涉及的工艺相当烦琐，难度也非常大。即使用今天的技术来仿制，也很难完全复制还原。然而，龙山文化的工匠们却在原始的条件下制作出了如此精美的黑陶。

龙山文化蛋壳黑陶高柄杯 ▲

他们精心选用陶土，经过精细的淘洗和轮制，制作出了薄如蛋壳的胎壁；他们精准把握火候，将烧制温度提高到了 1 000℃，烧出质地坚硬的陶器；他们掌握了先进的封窑技术，让弥漫在窑中的浓烟通过科学的渗碳原理，将烟中的碳粒渗入坯体而呈黑色。黑陶制作工艺让世人体会到了通过"熏陶"成品、成性的过程，也让人不得不佩服古人高超的技艺和巧妙的匠心。

（二）产生阶段：崇尚以德为先，德艺兼修

德艺兼修的玉雕文化

中国文化精神是一种"道德的精神"。"以德为先"不仅是我国古代工匠必须遵循的职业准则，更是工匠精神得以产生的价值基础。

"天有时，地有气，材有美，工有巧，合此四者，然后可以为良"，追求技艺之巧，是我国传统工匠毕生的追求。在奴隶社会时期，我国手工业发展迅速，制陶技术和青铜冶铸技术非常发达，技艺精湛的工匠们制作的陶器、青铜器等成为中华传统文化的瑰宝。

▲（商）后母戊鼎

▲（商）玉援青铜内戈，出土于妇好墓

春秋战国时期，以儒家思想为核心的政治伦理文化开始受到人们的广泛关注，"德为先，重教化"的圣人文化逐渐成为中华民族传统文化的重要内涵。受儒家思想的影响，中国人将"止于至善"作为做人、做事的最高标准，人们做人做事都追求达到完美的境界。此外，儒家思想的价值观"仁、义、礼、智、信"规范了社会成员的基本道德标准。衡量一切社会活动的标准首先是道德标准，然后才是它的社会价值。在儒家思想的熏陶下，中国古代的工匠们形成了以"学艺先做人""以德为先，德艺兼修""精益求精，止于至善"为代表的工匠精神。

视野纵横

曾侯乙编钟是如何制作而成的？

曾侯乙编钟重约 5 吨，两面墙大小，是中国迄今为止发现数量最多、重量最重、保存最好、音律最全、音域最广、做工最精良的一套编钟，代表了中国先秦礼乐文明与青铜器铸造技术的最高成就。

整套曾侯乙编钟共有编钟 65 件，分三层八组悬挂在呈曲尺形的铜木结构钟架上。即使放在今天来看，要制作完成这样数量庞大的编钟也是个不小的工程。它需要制作者掌握包括音乐、化学、物理学、铸造学、数学等学科在内的顶尖知识，同时还得有美学和艺术素养。

史料记载，在世界其他三大文明古国古埃及、古巴比伦、古印度，都有过铸钟的实践，但它们所铸造出来的钟都是圆形的，只能发出一个音，而且延音很长，根本不能做成乐器。只有中国古人让钟变成了乐器。这是怎么做到的呢？

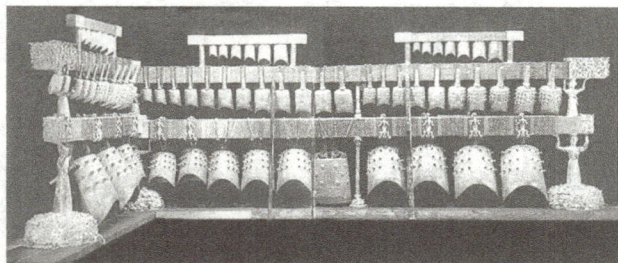

◀（战国）曾侯乙编钟

曾侯乙编钟之所以能成为乐钟，是因为工匠对每一口编钟的构型、几何尺寸、音乐性能等都进行了严密的设计和安排。这主要体现在以下 3 个方面。

（1）在铸造过程中，工匠们需要严格把握好铜、锡、铅 3 种金属的配比，让它们达到一个黄金比例。后世科学家们经过反复实验后发现，当含锡量在 13%～16%、含铅量在 1.2%～3% 时，编钟发出的音色浑圆饱满，且钟声能快速衰减，钟声的延音不会和乐声混杂在一起，是最适合进行演奏的。当时的工匠没有现代精密仪器的帮助，全靠自己的实践和经验，才让每一口大小不一的钟都能达到可以演奏的水准。

（2）工匠们在有些编钟的表面巧妙设计了凸起的"疙瘩"——"钟枚"，以减小声音的扩散，使其能发出更加浑厚的低音。此外，工匠们还发明了"一钟双音"的独门手艺。他们巧妙地把编钟做成了"合瓦形"，即钟是由瓦状的两块板拼在一起的，这样敲击正面和敲击侧面时，就能发出不同的声音。为了能更好地区分一口钟的两个音，铸钟的工匠们还把编钟的振动块分离开，在钟体里面挖隧道隔音。

（3）曾侯乙编钟七音齐备，并且具有12个半音，音律很宽广。曾侯乙编钟的出土改写了世界音乐史，终结了"中国古代的十二律由西方传入"的争论。而曾侯乙编钟的音准则全靠工匠们用手工的方式在钟壁上慢慢打磨，一点一点调音。此外，因为"一钟双音"的特性，工匠们需要打磨的地方不止一个，还需要把正鼓音和侧鼓音调整到误差5音分的范围内。这项技术最难的地方就在于不可逆。一旦钟壁打磨过头，掉下来的青铜粘不回去，整口钟就废掉了。

当时制造编钟的难度之高，远超我们今天的想象。即便是在两千多年之后的1979年，我国考古、音乐、机械等方面的众多专家一起研究复刻"曾侯乙编钟"，也耗资百万，历时5年才最终成功。

"堂下之乐，以钟为重。"当古代工匠铸成的65口编钟经过层层打磨挂上高大的钟架，6个铜铸的佩剑武士和8根圆柱稳稳地承托起整套编钟；当当代工匠经过雕刻、制模、翻模、定音等一系列工序并反复调试，《东方红》的旋律在这古老乐器上响起，我们仿佛听到古今工匠们跨越千年的合奏。

（三）发展阶段：主张心传体合，师徒相承

进入封建社会后，一大批手工艺人脱离了奴隶制的桎梏，开始有了人身自由，有了私人的产业和生产工具，制作和生产的积极性有了很大提高。在社会消费需求增加的前提下，手工艺产业的生产规模持续扩大，生产的种类不断增多，分工也逐渐细化。

师徒传承的工匠精神

在当时的生产条件下，手工艺人获得某项比较复杂的手工艺技能非常不容易，往往需要几代人不断摸索、总结经验，并且要经过长期的训练才能熟练掌握，积累的成本非常高。因此，我国古代工匠的技艺传承一般都只在很小的范围内进行，"一切手工技艺，皆由口传心授"。在这种传承形式下，手工艺技能和技艺多为家族代代相传，即使工匠对外招收徒弟，条件也十分严格。而且，师徒关系

从确立的那一刻起，就转换为类似于长辈与晚辈的关系。晚辈要尊敬和孝敬长辈，徒弟也须尊敬和孝敬师傅。这一时期，工匠精神得到充分发展，主张尊师重道，师徒相承。

此外，对于古代工匠而言，师徒之间不只是技艺、知识的传授和学习，还包括从业准则、修身素养的传承与发扬。"父子相传，师徒相授"体现的是言传身教、耳濡目染式的教育模式，师徒之间共同生活、共同劳动、共同钻研，尊师即尊重技艺，重道即重视职业，这是工匠成长的源头，更是工匠精神传承与发扬的基石。

随堂小记

◉ 课堂互动

> 你如何看待古代技艺传承的"师徒制"？这种制度有何优势，又有何弊端？这种"师徒制"的模式在现代社会还有存在的价值吗？为什么？

"父子相传，师徒相授"的模式促使我国古代手工艺不断发展、繁荣，从而产生了令人叹为观止的辉煌艺术成果。清宫样式雷就是一个典型的例子。在世界文化遗产中，能够列入《世界记忆遗产名录》的家族建筑艺术，唯有中国"样式雷"；在人类建筑文明史上，能够运用短短笔尖化成智慧的结晶，以精确设计数万件建筑图档和制作烫样而被列入《世界记忆遗产名录》的，唯有中国"样式雷"。

"样式雷"是雷发达及其子孙八代建筑世家掌管宫廷样式房的誉称，第一代雷发达、第二代雷金玉、第三代雷声征、第四代雷家玺、第五代雷景修、第六代雷思起、第七代雷廷昌、第八代雷献彩，他们在清代宫廷掌管建筑设计营造长达200余载，传承两个多世纪，每一代都为中国历史建筑做出了杰出贡献，其所开创的宫廷建筑业已成为世界古代建筑艺术的绝世珍品，北京故宫、天坛，北京三山（香山、万寿山、玉泉山）五园（圆明园、畅春园、静宜园、清漪园、静明园）和清东陵、清西陵，北京各府衙、王府，沈阳故宫、河北承德避暑山庄，以及江西汪山土库等建筑均出自样式雷巧夺天工之手。中国共有31项世界文化遗产，"样式雷"占到了约五分之一，可以说无人能比。因而样式雷建筑世家被中外古建筑学者敬誉为"清朝八代样式雷，中国半部古建史"。

雷氏家族的每个建筑设计方案，都按1/100或1/200比例先制作模型小样进呈内廷，以供审定。模型用草纸板热压制成，故名烫样。其台基、瓦顶、柱枋、门窗，以及床榻桌椅、屏风纱橱等均按比例制成。雷氏家族烫样的手艺世代相传，独树一帜，客观上使得大的工艺工程能够顺利开展，保证了清宫在内务设计和宫廷工艺上具有统一性。雷氏家族烫样也成为现代了解清代建筑和设计程序的重要资料。

圆明园同乐园建筑群烫样局部 ▶

◀ 颐和园戏楼烫样

　　"样式雷"之所以能取得举世瞩目的辉煌成就，一个重要原因就是他们有着精益求精的工匠精神，世代不坠的"诚德家风"。

　　样式雷鼻祖雷发达第十代世孙雷章宝说："我从小就听父亲说过，在我们老家江西永修县北山《雷氏宗谱》里，很早就有严格的家训，始祖雷发达就是沿用老家的家训来教训子孙，就此一代一代言传身教至今。"

　　《样式雷家训》有十则，包括个人、家庭、社会、国家四块内容，饱含了勤业、诚信、厚德的处世哲学，昭示了忠厚传家、以技报国的做人、治家、事国的道理，体现了"礼义仁信通天下，忠孝智勇旺门风"的雷氏家风，其教化意义深远，思想理念深厚，不仅是一部世界建筑世家的珍贵历史遗产，更是激励鞭策我们后人创新事业、发愤图强、精益求精的民族瑰宝。

（四）传承阶段：提倡开放包容，勇于创新

创新发展的手工缝制工艺

　　我国的传统工艺文化是劳动人民智慧的结晶，是宝贵的精神财富，更是中国传统文化的重要组成部分，对它的传承有一种历史责任在里面。而对其的传承并非墨守成规、因循守旧，它是在传统工艺的基础上不断创造新工艺、新技术的过程。这一过程不仅是对中国传统文化的沉淀与融合，更是一种将工匠精神作为内在驱动的坚守。

　　传承是发展的基础，创新是发展的核心动力。我国古代工匠经过长期努力才练就了高超的技艺和精湛的技能，他们不但是技艺的传承者，更是技艺的创新

者，他们在传承技艺中追求革新，勇于开拓创新，推动了手工业的蓬勃发展。这种传承创新精神在使我国古代的技术不断迈向新的台阶的同时，也赋予了工匠精神新的内涵。

工匠精神的核心是一种精神、一种信念或者说一种情怀，是尊重自然、尽善尽美、以诚相待的职业操守，是把一件事情、一门手艺当作信仰的追求，是单调、重复工作中的一点点与众不同的想法。正如《我在故宫修文物》这部纪录片中一位青铜器修复师所说的，故宫的这些东西是有生命的，人在制物的过程中，要把自己的想法融进去，这样才能实现工匠的价值。

故宫钟表修复师王津在修复文物 ▲

课堂互动

工匠精神在中国自古有之。以工匠精神为核心的工匠文化不仅是我国古代社会走向繁荣的重要支撑，也是一份厚重的历史沉淀。请结合所学谈谈你对我国古代工匠精神的认识。

二、中国古代工匠精神的杰出代表

中国自古就是一个崇尚工匠精神的国度。在我国数千年的手工业文明发展史中，有很多匠人名垂青史，既有"百工圣祖"鲁班、"铸剑鼻祖"欧冶子、"织布之祖"黄道婆等赫赫有名的行业祖师，也有庖丁解牛中的庖丁和匠石运斤（斧子）中的匠石这样技艺高超的普通匠人。这些能工巧匠的事迹遍布各行各业，涉及人们生活的方方面面。他们匠心独运，守正创新，以精湛的技艺为中华文明的发展与繁荣做出了不可或缺的重要贡献，创造了令西方高山仰止的古代科技文明，是中国古代工匠精神的典范。

咫尺匠心　鲁班：百工圣祖

鲁班是我国古代有史书记载的最早的创造发明家，被奉为"百工圣祖"。鲁班集匠心、师道、圣德于一身。作为"匠"，他巧技制器、规矩立身，怀匠心；作为"师"，他授业解惑、至善育人，严师道；作为"圣"，他创制垂法（流传以示后人

▲ 鲁班画像

的规范、方法）、博施济众，怀圣德。鲁班是中国历史上影响最深远的传奇人物之一，他富于智慧、勤于思考、勇于探索、善于创新，不但是中国历史上最伟大的发明家、最著名的工程师，更是古代工匠楷模的化身。

鲁班，春秋时期鲁国人，出身于工匠世家，自幼就深受家庭熏陶，跟随家人参加过很多土木建筑工程劳动，积累了丰富的实践经验。

鲁班聪明巧思，喜欢琢磨，发明了许多工具、器械，如木工的基本工具曲尺、墨斗、锯子、刨子、钻子、凿子等，这些发明把工匠们从原始繁重的劳动中解放出来，大大提高了生产率，同时促进了土木工艺的蓬勃发展。

知识链接

鲁班发明的曲尺，也叫鲁班尺，是我国古代民间广为流行的建筑工具，一般用于测量和确定住宅门户和家具的尺寸。鲁班尺上不仅有尺寸，还标有避凶取吉的文字。在古代，人们认为按鲁班尺吉利尺寸确定的门户，将会光耀门庭，给家庭带来好运，所以又将鲁班尺称为"门光尺"。

以前，木匠只用斧子和刀来弄平建造用的木料，工作起来往往费力且效果不好。鲁班在长期的实践中发现，使用的刀片越薄，处理后的木料表面越平，工作起来也越容易。于是，鲁班将薄薄的刀片固定到一块木头上，再横穿上手柄，这就是鲁班发明的刨子。用刨子刨木料又平又快又省力。

有一次，鲁班发现，母亲剪裁衣服时，把一根线放到装着粉末的小口袋里沾上粉末，然后用这根线印出所要裁制的形状。鲁班从中得到启发，将盛有墨汁的小圆斗和线轴合在一起，将一根线用墨水浸湿，然后捏住其两端，放到木料上就能印出明确指示操作位置的线条。后来，鲁班对此工具加以改良，发明了墨斗。

鲁班还是一个很高明的机械发明家。他设计的鲁班锁，是按照古代八卦之术制造出来的，机关设在里面，外面不露痕迹，必须借助配合好的钥匙才能打开。

实践出真知，钻研出智慧。这一件件工具的发明，都是鲁班在生产实践中得到启发，经过反复研究、试验做出来的。由于他的发明创造都是源自生活中的实际需求，又直接应用于生活，所以他受到了同时代及后世人们的敬爱和景仰。

▲ 鲁班发明的刨子（左）和墨斗（右）

　　"百工圣祖"鲁班终其一生都在追求技术的极致，他将开拓创新、一丝不苟、精益求精、尽善尽美的工匠精神从鲁国大地延展开来、传承下去。自鲁班以后，一代代的中国工匠们，耐心专注、咫尺匠心，在一材一物间诠释着极致，锲而不舍、身体力行地传承工匠精神。

咫尺匠心　欧冶子：古代铸剑鼻祖

　　欧冶子是中国历史上著名的铸剑师，他具有非凡的智慧，而且吃苦耐劳，一生铸剑无数，留下名剑数十把，每一把宝剑都有一段传奇。例如，欧冶子为越王铸造的湛卢剑就有着"仁道之剑"的传说。传说湛卢剑因越国战败而流落到吴国，但吴王暴虐无道，湛卢剑竟自行飞至当时的名君楚王身边。从此湛卢剑成为正义与仁德的象征，成为历代诗文提及最多、赞美最甚的宝剑。

　　欧冶子在铸剑的实践中发现，铜和铁的性能有所不同，经过不断试验、反复铸造，他终于冶铸出第一把铁剑，开创中国冷兵器之先河，被认为是中国铸剑业的鼻祖。他的事迹生动地诠释了我国古代工匠的精益和执着。

　　欧冶子是春秋战国时期的传奇人物。少年时代，他从母舅那里学会了冶金技术，开始冶铸青铜剑和铁锄、铁斧等生产工具。他肯动脑筋，善于观察，富有创新精神，很快便成为著名的铸剑师。欧冶子受越王之命铸剑，至闽浙一带遍寻适宜铸剑之处，历经 3 年铸就了五大名剑：湛卢、纯钧、胜邪、鱼肠、巨阙。后来，他又奉楚王之命铸成了龙渊、泰阿、工布

欧冶子铸剑 ▲

三剑。龙渊剑，后改名为龙泉剑。唐代诗人李白在他的《在水军宴赠幕府诸侍御》一诗中曾写了"宁知草间人，腰下有龙泉"的诗句，以"龙泉"代称宝剑，可见龙泉宝剑的名气之大。

欧冶子铸造的一系列赫赫有名的青铜剑，冠绝华夏。在春秋五霸、战国七雄的争霸战争中，彰显了无穷威力与摄人心魄的艺术魅力。然而，随着时间的流逝，这些曾经名动一时的神剑消失了在历史的长河中，人们一度以为欧冶子铸造的神剑只是传说。

直到1965年冬天，考古人员在湖北省荆州市江陵县望山楚墓群的一号墓里发现了春秋越王勾践剑。出土时，这把剑插于黑色漆木剑鞘之中，当考古人员将它从剑鞘内抽出时，顿时有一种寒光逼人的感觉。春秋越王勾践剑长55.7厘米，柄长8.4厘米，剑宽4.6厘米，剑首外翻卷成圆箍形，内铸有间隔只有0.2毫米的11道同心圆，剑身上布满了规则的黑色菱形暗格花纹，正面近格处有"越王鸠（勾）浅（践）自作用剑"的鸟篆铭文，剑格正面镶有蓝色琉璃，背面镶有绿松石。

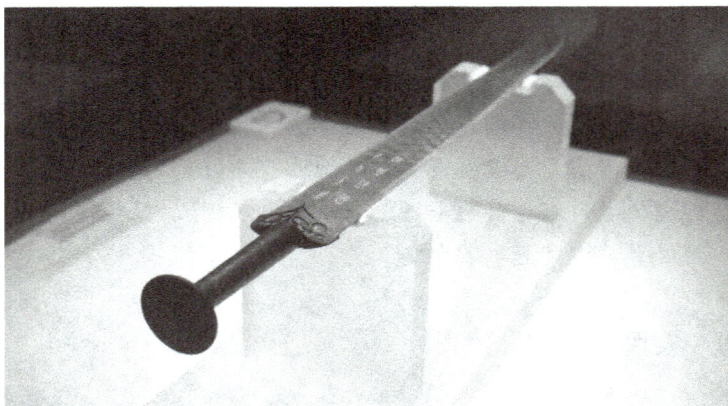

◀（春秋）越王勾践剑

越王勾践剑出土时，剑身呈紫黄色，毫无锈斑，其光亮、色泽如同新铸成的一般。当时，考古专家们为测试其锋利程度，把二十张纸叠在一起，用剑锋一滑，纸张就被轻松地划为了两半。

这把铸造于2 400多年前的青铜剑为什么还会如此锋利呢？专家们经测试发现，这把宝剑中含有锡和铜，以及少量的铝、铁、镍、硫等元素。其中，剑脊含铜量较高，因而比较有韧性，不易折断；剑刃含锡量高，因此硬度大，非常锋利。剑脊和剑刃不同的金属含量，意味着一把剑要分两次铸造完成，这叫复合剑，是一种非常复杂的复合金属工艺。这说明中国早在2 400多年前就掌握了这种技术，实在是令人惊叹。

课堂互动

越王勾践剑是春秋时期青铜剑的巅峰之作，被誉为"天下第一剑"，深埋地下2 000多年却毫无锈迹，锋利无比。对此，你有何感想？

咫尺匠心　李冰：战国时期著名水利工程专家

李冰是战国时期的水利专家，在蜀郡（今成都一带）任太守期间，他征发民工在岷江流域兴办水利工程，其中以他和他的儿子一同主持修建的都江堰水利工程最为著名。都江堰水利工程是当今世界唯一留存、以无坝引水为特征的宏大水利工程，堪称中国水利工程技术的伟大奇迹，世界水利工程的璀璨明珠。它的修建使得原本旱涝无常的成都平原变为沃野千里的天府之国，历经2 000多年，至今仍发挥着重要作用。

战国时期，成都平原土地肥沃，气候温和，是发展农业生产的好地方。然而，发源于成都平原北部岷山的岷江年年都会暴发水患，成都平原的人们生活在苦难之中，世世代代同洪水做斗争，但一直都没能彻底解决水患问题。秦国吞并蜀国后，秦昭襄王任命很有治水才能的李冰到蜀郡担任郡守，主持治理那里的水患。

李冰与都江堰

李冰经调查发现，岷江上游沿岸山高谷深，水流湍急，到了成都平原，河面开阔，水速顿减，江水从上游挟带的大量泥沙淤积在这里，抬高了河床，加剧了水患。特别是在灌县城西南面，有一座玉垒山，阻碍了江水东流，每年夏秋洪水季节，常造成东旱西涝。

为了把岷江江水安全地引入成都，解决岷江水患，李冰决定修建一个既能引水，又能防止发生洪泄的水利工程。

要把岷江引入成都，李冰要解决的第一个难题就是凿开玉垒山。开山不是一件容易的事，那时候还没有火药，工人们只能用锤子一点一点地凿，要用30多年的时间才能凿开一座山。为了加快工程进度，李冰想到一个办法。他先在岩石中间凿一个深槽，再往里面放进大量的木柴，点火烧石，石头遇高温开始发红、膨胀，这时候再把冰凉的江水浇在滚烫的石头上，石头热胀冷缩，全部爆裂开，然后民工再登上岩石，斧敲锤凿。这样一来，工程的进度果然大大加快了。在李冰的带领下，8年之后，民工们终于在玉垒山凿开一个20米宽、40米高、80米长的缺口。这个缺口看上去像一个瓶子的开口，于是李冰给它取名"宝瓶口"，把凿出来的这一堆石头称为"离堆"。

完成了这一步，李冰开始把岷江江水引入宝瓶口。他又用了 4 年时间，让民工把鹅卵石塞进竹笼内，再用渡船运到江心，投入江中。鹅卵石越积越多，把岷江江水分成两部分，这样岷江就有了内外两个分流，内江是改道成都的引水河，被迫流入宝瓶口，外江就是岷江原来的河道。这个拿鹅卵石筑成的分水堰，露在岷江外面的堰头部分，远远看上去像个大鱼的嘴巴，因此得名"鱼嘴"。

岷江的江水被一分为二，由于东边的内江又窄又深，西边的外江又宽又浅，所以，枯水季节，大部分的河水就进入河床底的内江，使成都不致缺水，造成旱灾；水量大的时候，多出来的水就流入了江面较宽的外江。这种设计使江水可以自动分配，很好地调节了内外两江的水量，既防止了干旱，又防止了洪涝。

为了更好地保证两江的水量平衡，李冰又在鱼嘴和宝瓶口的中间，建了一个溢洪通道"飞沙堰"。飞沙堰也是用竹笼装卵石筑起来的，是一个较低的大坝。堰顶修到合适的高度，当内江的水超过宝瓶口能承担的流量时，多出来的水就会从飞沙堰翻过去，自行溢到外江，确保了成都平原不会受到水灾的侵害。而飞沙堰之所以叫作飞沙堰，是因为它还有"飞沙"的功能。岷江水携带砂石滚滚而下，如果流入内江就会堵在宝瓶口。有了飞沙堰这道工程，水流再下来的时候，会在这里激起一道漩涡，水中的砂石就会顺着水势被抛入外江。

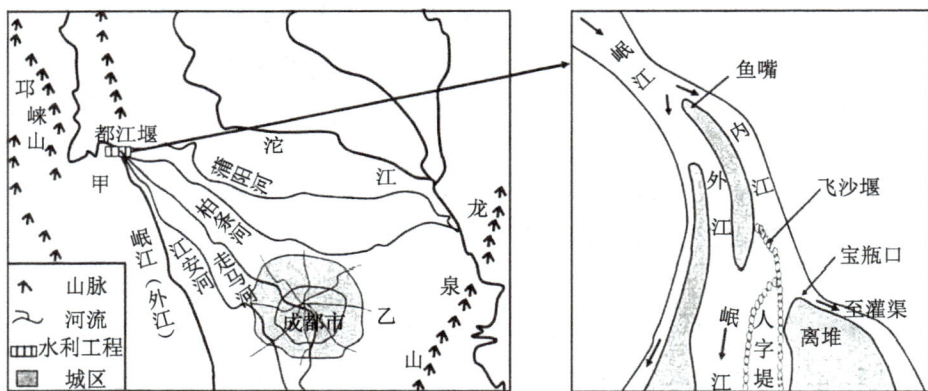

▲ 都江堰示意图

有了宝瓶口、鱼嘴和飞沙堰这三个工程，到了公元前 256 年，历经 14 年，都江堰终于建成。都江堰建成以后，岷江内江的水滋润了成都平原，百姓们纷纷开挖大小河道，使用岷江江水灌溉农田，成都成了蜀郡的富庶之地。

为了保证都江堰的良好运行，李冰还定下了维护制度。他修建都江堰的时候，在宝瓶口分流出来的内江河床埋了一个石马，规定每年枯水季节都要清理河床，清理淤泥的时候，要清理到石马的位置。同时，每年还要调整"飞沙堰"的高度，使它既能飞沙又能分洪。李冰定下来的维护制度，直到今天还在使用。

都江堰的伟大之处还在于，如此庞大的一座水利工程却没有修建一道水坝。李冰没有刻意地去征服自然，改造自然，而是遵循"顺应自然，师法自然"的原则，利用山势、地势与水势，乘势利导，因时制宜，实现了自动分流、自动排沙和自流灌溉的功效。都江堰没有破坏当地的自然生态环境，是人与自然和谐相处的典范。

都江堰开创了中国水利史的新纪元，在世界水利史上写下了辉煌的篇章。它是中国古代劳动人民勤劳与智慧的结晶，是中华文化划时代的杰作。

▲ 都江堰

咫尺匠心　李春：世界建筑史上第一位桥梁专家

中国是桥的故乡，自古就有"桥的国度"之称。中国的桥发展于隋，兴盛于宋，李春就是隋代著名的桥梁专家。他建造的赵州桥被誉为"中国第一桥"，开创了中国桥梁建造的崭新局面。赵州桥是世界上现存跨度最大、保存最完整的单孔坦弧敞肩石拱桥，其建造工艺独特，在世界桥梁史上首创"敞肩拱"结构形式，在中国造桥史上占有重要地位，对全世界的桥梁建筑也产生了深远的影响。

李春是中国乃至世界建筑史上第一位桥梁专家，赵州桥凝聚了他的汗水和心血，是他的智慧结晶和匠心体现。

隋朝将中国南北方统一起来后，社会经济得到了飞速发展。当时赵县连接南北交通，向南可以抵达洛阳，向北可以抵达涿州，行人车马往来不绝。但是，城外的洨河在夏秋季节经常水满为患，将这一交通要道阻断，对人们的通行造成了相当大的影响。为了改变这种局面，当地官员决定在洨河上面修建一座石桥。负责石桥设计和施工的任务落到了李春身上。李春面临的难题有三个。

▲ 李春雕像

第一个难题是选址。石桥的重量较大，易使地基沉降，因此需要选择能承受石桥压力的地方作为地基。李春率领工匠们来到泫河岸边，考察了泫河两岸的地质情况，并根据自己多年积累的实践经验，把建桥的地点选在了泫河两岸较为平直的地方。那里的地层是由河水冲击而成的，地层表面是粗砂层，下面分别是细石层、粗石层、细砂层和黏土层，完全能够承受桥梁带来的压力。

第二个难题是石料的选择。建造石桥的要求较高，需要坚固耐用的石材。经过调查，李春发现赵县附近州县的青灰色砂石质地坚硬，完全符合造桥的要求，所以决定就地取材。

第三个难题是桥梁的设计问题。石桥跨度较大，而泫河雨季水量又大，如何才能让石桥既能保证长度，又安全实用呢？为了解决这个问题，李春认真总结了前人的建桥经验，结合实际情况提出了独具匠心的设计方案，推动中国古代建筑技术发展到了一个全新的水平。

在李春之前，人们建造较长的桥梁时，一般会采用多孔形式。这种形式中，孔与孔之间的跨度小，坡度平缓，修建起来更加容易，但是缺点颇多。例如，桥墩长时间浸泡在水里，容易受到侵蚀，而且会一直受到水流的冲击，致使桥梁的使用寿命缩短；桥墩多，对排泄洪水、船只航行会造成影响；等等。李春在设计的过程中，看到了多孔桥的缺点，所以才将桥设计成单孔长跨的形式，没有在河水中立桥墩。石拱的跨度达到三十七米，这在中国桥梁史上，完全是开创先河的一大创举。

在李春之前，人们修建石桥时采用实肩拱的形式。而李春却将实肩拱改为敞肩拱，也就是在大拱的两端各增加两个小拱。这种敞肩拱与过去的实肩拱比起来，具备很多优势：① 节约材料；② 减轻桥身重量，增加桥梁的稳固性；③ 当洪水到来后，四个小拱也可以起到泄洪的作用，大大提高了石桥的泄洪能力；④ 这四个小拱分别位于大拱两侧，对称统一，使整座石桥看起来更加飘逸轻灵，体现出了艺术之美；⑤ 可以减轻主拱承载的压力，大大提高了桥梁的承载能力。

◀ 赵州桥

▲▲ 视野纵横

中国四大古桥

　　河北赵州桥、泉州洛阳桥、北京卢沟桥、潮州广济桥被称为中国四大古桥。

　　洛阳桥，原名"万安桥"，位于泉州市洛阳江上，是北宋泉州太守蔡襄主持修建的桥梁工程。洛阳桥是中国现存最早的跨海石桥，素有"海内第一桥"的美誉。桥址位于江海汇合处，江潮汹涌，桥基修建难度很大。为了解决这一难题，造桥工匠们发明了两种加固桥梁的方法，即"筏型基础"和"种蛎固基法"。这是中国乃至世界造桥史上的技术创举，充分显示了中国古代劳动人民的非凡智慧。

　　卢沟桥，位于北京市永定河上，是北京市现存最古老的石造联拱桥。卢沟桥桥面略呈弧形，两端较低，中间隆起，用天然花岗巨大条石铺设而成。卢沟桥的半圆拱券采用纵联式实腹砌筑法，拱券石块之间、桥墩内部、桥脚以铁件连接，这在中国大石桥建筑史上是罕见的。卢沟桥桥面两旁有279个石栏杆，栏杆上雕刻着形态各异的石狮子，因其数量众多，明代即有"卢沟桥的狮子——数不清"的歇后语。

　　广济桥，又称湘子桥，位于广东省潮安区潮州镇，坐落于滚滚韩江之上。它集梁桥、浮桥、拱桥于一体，是中国最早的一座开关活动式大石桥，被著名桥梁专家茅以升誉为"世界上最早的启闭式桥梁"。广济桥在明朝形成"十八梭船廿四洲"的格局，也就是说没有加桥墩的一段，用18艘船代替桥墩。其他地方架了桥墩，形成了梁舟结合，刚柔相济的特色。

▲ 洛阳桥的筏形基础

▲ 卢沟桥的狮子

广济桥的梁舟结合 ▶

　　这四大古桥不仅是人类桥梁建设的优秀典范，也是中国古代工匠的匠心之作、中国传统艺术文化的宝贵财富。

咫尺匠心　沈括：中国科学史上的里程碑

　　宋朝是我国古代科技发展的高峰期，沈括则是攀登这座高峰的群英中的杰出代表。作为北宋著名的科学家，沈括在文、理、商、军事等方面都有很高的造诣和成就。

　　沈括一生致力于科学研究，所著的《梦溪笔谈》中详细记载了古代劳动人民在科学技术方面的卓越贡献和他自己的研究成果。例如，《梦溪笔谈》最早记录了活字印刷术的工艺流程。沈括通过毕昇留下来的活字印刷工具，对这项技术进行了复原，并通过记载让活字印刷术得以流传。《梦溪笔谈》还记录了从司

沈括画像 ▲

南到指南仪再到指南针的演变过程，是唯一一个对指南针的发现及改进过程进行详

细记载的著作。

《梦溪笔谈》是一部涉及古代中国自然科学、工艺技术及社会历史现象的综合性笔记体著作，反映了中国古代特别是北宋时期自然科学的辉煌成就，在世界文化史上有着重要的地位，是沈括留给后世的无价财富。英国著名学者李约瑟称赞沈括是"中国整部科学史中最卓越的人物"，其著作《梦溪笔谈》是"中国科学史上的里程碑"。

沈括在众多学科领域都有很深的造诣和卓越的成就。他博闻多学，于天文、地理、乐律、历法、音乐和医药等方面都有研究。例如，在数学上，他发明了隙积术（即高阶等差级数求和的方法）和会圆术（一种计算圆弓形弧长的近似方法），为后世的数学发展做出了巨大的贡献；在物理学上，他对磁学、光学、声学都有所涉猎，记载了人造磁石的方法，首次提出来偏磁角的存在，对指南针进行了深入的研究；在化学上，他做出了胆水炼铜、石油制墨等重要发明；在天文学上，他改善了观测天体方位的浑仪，提出了与现在的阳历相似的十二气历；在地理学上，他提出了地形学和地图学；等等。此外，沈括为官期间还主持了秀江水利工程，他在医药学上也颇有建树，对我国古代科学的发展做出了巨大贡献。

沈括晚年退居润州（今江苏镇江）梦溪园，并在这里完成了他的传世巨著《梦溪笔谈》。在《梦溪笔谈》中，沈括描绘了古时工匠们的巧思和追求尽善尽美的品质，其中关于铜镜的记载即为典例。

《梦溪笔谈》中有两篇关于铜镜的记载。一篇介绍了透光镜：有一面透光镜，镜子的背面有花纹和铭文，用这面镜子照射日光，背后的花纹和文字，就会透在墙上，清晰分明。有人说这是因为铸造时薄的部位先冷却，只有背面的花纹较厚，冷却得慢所以铜收缩得多。花纹虽然在背后，但镜面上隐隐有痕迹，所以透过光能显现出来。沈括说自己家中有三面这样的镜子，其他人家也收藏了这样的镜子，外观都是一样的，花纹、铭文没有一点差异，形制非常古朴。然而，只有这一面镜子能透光，其他镜子虽然薄但都不能透光。因此，沈括认为古人应当是有特殊的制作方法。这面透光镜的奥秘可能还要归功于工匠精妙的打磨技术。

▲ 西汉内清以昭明透光镜

上海博物馆现藏的两面透光镜之一。

另一篇介绍了凸镜：古人铸造的铜镜，大的镜面是平的，小的镜面是凸的，这是因为凹陷的镜面照出的人脸会放大，凸起的镜面照出的人脸会缩小。小镜子不能照全人脸，所以古时的工匠使其微微凸起，得以收纳缩小的人脸，这样就算是小镜子也能照全人脸。而工匠在制作铜镜时，会通过度量镜面的大小来确定凸起的高低，使得镜面的大小总是与人脸的大小相仿。沈括对这些工匠们的智慧和技术赞叹不已。

咫尺匠心 黄道婆："衣被天下"的"女纺织技术家"

中国古代的纺织技术具有非常悠久的历史，特别是丝麻纺织技术水平相当高超，在世界上享有盛名。在我国纺织技术的发展史上，有一位"衣被天下"的"女纺织技术家"——黄道婆。黄道婆热爱劳动，执着于纺织技术，具有开拓创新精神。她发明了棉花脱籽机、棉花加工机，发明及改进了纺纱机，改进了原有的织布机。她无私地将技术传给世人，对促进长江流域棉纺织业和棉花种植业的迅速发展起了重要作用。她的发明不仅造福了广大百姓，还推动了科学技术的进步。

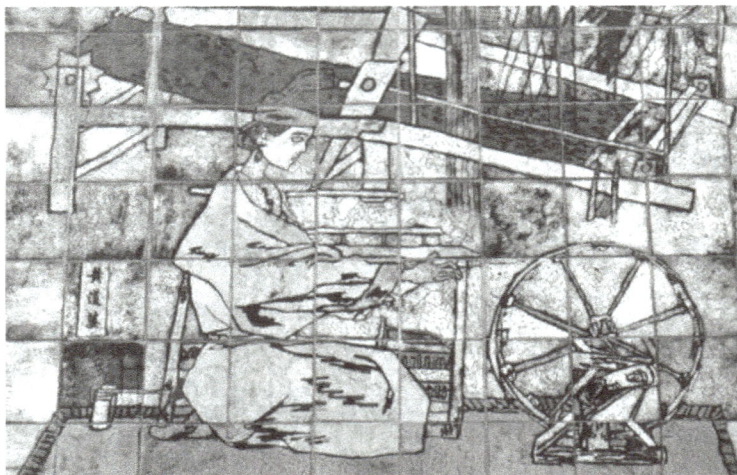

◀ 位于北京元大都城垣遗址公园内的黄道婆纺纱壁画

黄道婆是中国元代杰出的棉纺织革新家。南宋末年，黄道婆出生在乌泥泾（今上海华泾镇）一个穷苦的人家。当时社会动荡不安，人们的生活十分穷苦。在这样的背景下，人们依然保持着勤劳勇敢的优良传统，不断发展社会生产。黄道婆就是在这样的环境中成长起来的。黄道婆十分勤劳，从小就砍柴做饭、洗涮缝补。她心灵手巧，好学好问，肯动脑筋，善于琢磨，大人干的活计，她看了便能举一反三，迅速入门。

黄道婆出生前后，闽广地区的棉花种植便传入了她的家乡。到了黄道婆记事的时候，棉花种植已经普及浙江、江苏、江西、湖南等地，很多妇女都学会了棉花纺织技术。棉布厚实柔软、经久耐用，干活的人穿着极为合适，因此黄道婆也积极学习纺织棉花。

起初，她什么都不会，弹棉絮弹得不透不净，卷棉条卷得松紧不匀，纺棉纱纺得粗一段细一段。可是，她毫不气馁，坚持练习，争取一切机会学习操作。

黄道婆早年生活坎坷，后来流落到了崖州（今海南三亚）。崖州盛产棉花，拥有先进的纺织技术。黄道婆决心学习当地的纺织技术，便在那里落了脚。当地的黎族人民朴实又热情，不仅在生活上照顾黄道婆，而且把自己的技术毫无保留地传授给她。于是，黄道婆刻苦学习黎族的语言，虚心地拜黎族人民为师，认真研究黎族的纺棉工具，学习纺棉技术，废寝忘食，把全部精力都倾注在纺织事业上，像着了迷一样。黄道婆在崖州生活了30多年，刻苦钻研纺织技术，学会了黎族人民先进的棉纺织技术，成为一位技艺精湛的棉纺织家。黄道婆在劳动实践中，发明了新的棉花去籽工艺，这种轧棉方法和技术要比外国先进好几百年。

元朝元贞年间，年老的黄道婆回到了乌泥泾。她看到家乡的棉纺织技术非常落后，就根据当地的情况，总结出一套融合黎族棉纺织技术与当地纺织工艺的新技术。她改进了植棉方法，革新捍、弹、纺、织工具，以及织造错纱、配色、综线、挈花技术，使制棉工艺从碾子、弹花、纺纱、轧籽到织布，有了一套完整的操作规程。她还制成一套捍、弹、纺、织工具，如搅车、椎弓、三锭脚踏车。在织造方面，她用错纱、配色、综线、挈花的工艺技术，织出有名的乌泥泾被。黄道婆将这套技术广传于人，使百姓大众普遍受惠。

黄道婆引进先进的棉纺织技术后，她的家乡及整个长三角地区一跃成为中国著名的棉花种植基地、棉布纺织中心。黄道婆去世后，当地人民为了感念她的恩德，为她建祠祭祀、树碑立传，尊奉她为"织女星""先棉神"。

咫尺匠心　王叔远：明代四大核雕名家之一

核雕是利用果核进行雕刻的一种技艺。据史料记载，我国明代盛行核雕，核雕技艺达到了鬼斧神工的水平，因而被称为"鬼工技"。王叔远是明代四大核雕名家之一，他能用直径仅1寸（1寸≈3.33厘米）的果核雕刻宫殿、房屋、器皿、人物，以及鸟兽、树木、山石，且雕刻得情态各异，惟妙惟肖。王叔远最著名的作品是桃核舟。明代著名文学家魏学洢在其名篇《核舟记》中详细地描述了王叔远所刻桃核舟的整体布局和细节，反映了中国古代雕刻艺术的卓越成就，同时让后人看到了王叔远精湛的雕刻技术和匠心独运的设计。

王叔远从小性格沉稳，沉默寡言。他非常喜欢雕刻，常常揣着小刀，跑到村北的森林里去，一待就是一整天。他细心观察各种鸟兽，把它们刻在树干上、石头上，他刀下的鸟兽栩栩如生，形态各异。

起初，王叔远的刀法不娴熟，常常划破手指。每次回到家，父母看见他指间有血迹追问时，他总是笑着说："不用担忧，是锯草划破的。"经过日复一日的练习，王叔远的手艺越来越精湛，成年之后，他的雕刻手艺名扬全村。谁家造新房，必定请王叔远来刻上一些祥瑞物。

有一次，王叔远和乡亲们一块儿在山上收摘桃子。劳作累了，人们就歇息一会儿，吃几个桃子。其间，王叔远看见人们吃了桃子后扔了满地的桃核，突发奇想：闲着也是闲着，何不用桃核刻点小玩意儿。

王叔远挑了一个又扁又长的桃核，在上面随便地刻了一个桃子形状。他发现桃核不但容易下刀，而且顺着核形刻，刻出的东西极富立体感。他立即用桃核又刻了几样东西，发现效果都不错。王叔远高兴极了，把地上的一堆堆桃核像宝贝一样捡回了家。

从此，王叔远将注意力放到桃核上面，开始冥思苦想，在桃核上大做文章。刚开始，王叔远只雕刻一些简朴的器物，后来，他的手艺越来越精妙，渐渐地能够雕刻较为复杂的画面和场景。他不但刻桃核，也开始刻其他的果核。

王叔远交游很广，朋友中有一个叫魏学洢的文学家，知道王叔远用桃核雕刻的创新后，很想得到一个桃核雕刻作品。王叔远思前想后，挑了一个狭长的桃核，刻上苏东坡游赤壁图送给了他。

◀ 清代陈祖章的橄榄核小舟

王叔远的核舟早已遗失，陈祖章根据《核舟记》中的描述用橄榄核雕刻了一枚同样的核舟。

不足一寸的桃核刻成了一条小船，船上刻了五个人，八扇窗，竹篷、船桨、炉子、茶壶、手卷、念珠各一件，对联、题名和篆文总共三十四个字。

魏学洢拿到雕刻成的核雕作品，对王叔远高超的技艺惊叹不已，更是对核舟爱不释手。他无论走到哪里，都随身带着核舟，脑海里总是浮现核舟上那些或谈笑风生、或引吭长啸、或放眼长空的人物，以及那些玲珑的小窗，华丽的雕栏和充满诗情画意的对联。怀着对老朋友的无限赞赏，他难以抑制心中的热情，挥毫留下了传世之作《核舟记》。

知行 合 一

探非遗　识匠人
——非遗技艺体验

活动任务

中华民族悠久灿烂的历史为我们留下了无数的非物质文化遗产。非物质文化遗产承载着中华民族的基因和血脉，是数千年文明古国的历史沉淀，是中华民族历代工匠的智慧结晶，是在时间中磨洗的工匠精神。保护和传承非遗技艺是当代青年的责任和使命。

请走访当地的非遗工坊或非遗传承人，并学习一项非遗技艺，感受中国古代工匠的智慧和匠心，并将体验过程拍摄下来，制作成视频。

活动分组

班级学生自由分为若干个小组，每组 4～6 人。各小组选出组长，并由组长根据组员的意愿和能力进行任务分工，然后将小组成员及分工情况填入表 2-1 中。

表 2-1　小组成员及分工情况

班级		组号		指导教师	
小组成员	姓名	学号	任务分工		
组长					
组员					

活动准备

（1）了解我国的非遗传统技艺。

（2）调查本地有哪些非遗工坊、非遗传承人，并记录相关信息。

活动实施

按照任务分工实施活动，然后将具体的实施情况记录在表2-2中。

表2-2　活动实施情况

时间安排	实施步骤
	（1）整理资料，寻找学校周边的非遗工坊或非遗传承人（如果周边没有，可以在网上寻找非遗传承人），并与相关负责人商讨确定参观、学习等相关事项。 　　选择的非遗技艺：＿＿＿＿＿＿＿＿＿＿＿＿＿＿＿＿＿＿＿＿＿ 　　（如制瓷、扎染、风筝制作、传统面食制作、制扇等技艺）
	（2）去非遗工坊参观非遗技艺，或找非遗传承人交流学习。 （拍摄视频素材）
	（3）了解所选非遗技艺的起源和历史发展。 （记录要点）
	（4）了解非遗技艺的现状和非遗传承人的日常工作。 （拍摄视频素材）
	（5）体验非遗技艺，感受中华优秀传统文化的魅力。 （拍摄视频素材）
	（6）整理素材，撰写脚本，制作视频，并交流心得体会。

综合 评价

请学生本人、小组成员、指导教师针对学生在本项目的实际学习成果进行评价，完成表 2-3 所示的学习成果评价表。

表 2-3 学习成果评价表

班级		组号		日期			
姓名		学号		指导教师			
项目	评价内容			分值	自评	互评	师评
理论知识（20%）	能掌握我国古代工匠精神的发展演变过程，并说出每个阶段的主要特点			10			
	能记住 3~5 个我国古代工匠的名字，并讲述他们的匠心故事			10			
活动实施（40%）	积极参与课堂内外交流，认真做好实践活动准备			10			
	勤于实践，勇于创新，在活动中表现积极，充分发挥个人作用			10			
	视频的思想内容紧扣主题，发掘出了非遗技艺、非遗传承人背后的工匠精神			10			
	视频内容充实，镜头切换自然，剪辑流畅，字幕、音乐和谐，画面精美且富有感染力			10			
综合素养（40%）	具备自主学习意识和独立思考能力，富有探索精神			10			
	具备团队合作意识和协作能力，富有责任感			10			
	具备工匠意识，能体悟中国古代工匠的技艺和作品中所体现的匠心			20			
总评	自评（20%）+互评（30%）+师评（50%）=						
自我评价							
教师评价							

学思 践 悟

学习完本专题内容，请结合自身实际情况，写下你的所学所得、感悟体会与成长目标吧！

所学所得

感悟体会

成长目标

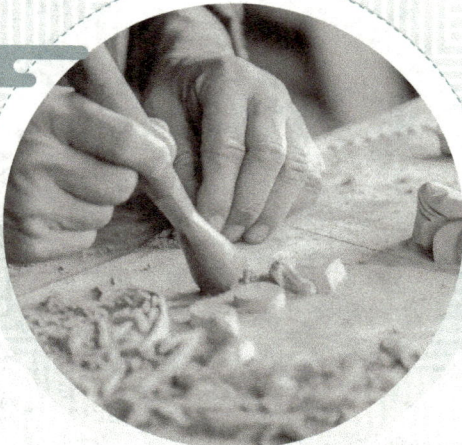

专题三

培育工匠精神　响应时代召唤

知识目标

- ✓ 明确新时代培育和弘扬工匠精神的重要意义
- ✓ 了解新时代培育和弘扬工匠精神的途径

素质目标

- ✓ 感知社会和企业对技能人才的重视，增强职业荣誉感和自豪感
- ✓ 培育正确的职业价值观，树立技能成才的人生理想

匠 心 初 探

用匠心筑梦　靠技能闪光

2024 年 1 月 13 日，一场别开生面的"红毯"活动在四川成都举行。红毯上星光熠熠，却不是人们常见的那些"明星大腕"，而是 50 名入围 2023 年"大国工匠年度人物"的产业工人。这些大国工匠职业不同、身份各异，既有深耕传统制造业、铸造大国重器的钳工、焊工，也有活跃在数字产业中的算法工程师。他们凭借

▲ 2023 年"大国工匠年度人物"入围人选红毯合影

精湛技能成为自身所在领域里不可或缺的人才，不断助力经济社会高质量发展。

近些年来，全社会越来越注重工匠精神的培育，五一国际劳动节、职业教育活动周、世界青年技能日的宣传活动越发热闹，"中华技术大奖""全国技术能手""大国工匠年度人物""全国五一劳动奖章"等奖项表彰力度持续加大，展现技能人才风采的宣传片、纪录片、短视频和影视剧不断增多。

那么，如何从普通工人成长为大国工匠呢？观察这次走上红毯的技术工人，从细微小事践行工匠精神，用超高本领实现技能报国，是其共通的品质。例如，贵金属冶炼工潘从明历经数万次反复试验，改进贵金属提纯工艺；建筑信息模型工程师王小颖精通建筑项目的各种细节和数据，能将纸质图纸与数字模型完美结合；壁画修复师樊再轩从业 40 余年，一心研究石窟壁画与雕塑的修复方案。可见，要想在平凡岗位上干出不平凡的业绩，就必须保持"择一事终一生"的执着专注、"千万锤成一器"的卓越追求，把人生出彩、梦想成真的机会牢牢握在自己手中。

而培养造就更多大国工匠，需要国家和社会搭建平台。培养高技能人才是一项系统工程，离不开久久为功的持续努力。

匠心聚，百业兴。全社会合力推动工匠精神的培育与弘扬，各行各业的从业者常怀工匠之心、发扬工匠精神，保持干事创业的定力和韧性，必能在推进强国建设、民族复兴新征程上，汇聚起推动高质量发展的磅礴力量。

思考与探究

（1）你认为是否有必要设立"中国工匠日"？请谈谈你的看法。

（2）你认为将哪一天设立为"中国工匠日"最合适呢？请说出你的理由。

自 2016 年首次被写入政府工作报告以来，"工匠精神"一词便频繁出现在人们的视野中，并且日益深入人心，成为广泛社会共识。2017 年 10 月 18 日，习近平总书记在党的十九大报告中明确指出："建设知识型、技能型、创新型劳动者大军，弘扬劳模精神和工匠精神，营造劳动光荣的社会风尚和精益求精的敬业风气。" 2020 年 11 月 24 日，习近平总书记在全国劳动模范和先进工作者表彰大会上指出，在长期实践中，我们培育形成了"执着专注、精益求精、一丝不苟、追求卓越"的工匠精神。2021 年 9 月 29 日，党中央批准了中央宣传部梳理的第一批纳入中国共产党人精神谱系的伟大精神，工匠精神被纳入其中。

新时代呼唤工匠精神。如今，推崇工匠精神已然成为社会共识，各行各业都在大力培育和弘扬工匠精神。

一、工匠精神的传承和发展是时代发展的需要

"执着专注、精益求精、一丝不苟、追求卓越"的工匠精神，既是中华民族工匠技艺世代传承的价值理念，也是在新时代的背景下，中国开启新征程，从制造业大国迈向制造业强国的时代需要。工匠精神的传承和发展契合了时代发展的需要，具有重要的时代价值与广泛的社会意义。

（一）工匠精神为社会文明发展汇聚力量

物质文明与精神文明是推动社会文明进步的"两个轮子"，是实现中华民族伟大复兴中国梦的"一双翅膀"，两者缺一不可。而工匠精神的发育程度，同一个社会的物质文明、精神文明的进步程度直接相关。在精神文明方面，工匠精神作为一种职业精神，本身就是精神文明的重要组成部分，在本质上同"敬业""诚信"的价值观高度契合。在物质文明方面，工匠精神在物质文明的创造过程中可以发挥强大的精神动力及智力支持作用。

从原始人的石斧、弓箭，到现代化的各种各样的机器、工具、技术设备等，生产工具经历了漫长而巨大的发展演变历程，而工匠正是在社会发展的过程中掌握了生产工具应用技术、改进了生产工具的那一批人。例如，在过去，工匠要切断一个硬度高的物品，需要用斧子砍数十下，而现在，利用新生产工具切割

生产工具的演变

机，哪怕是钢板，也可以在几秒钟内轻松切断；以前，在拼板焊接时想要做出美观的弧面，即便是一位技艺高超的师傅，操作起来也要全神贯注，因为稍有不慎就会出现瑕疵，而现在，使用先进的焊接机器可简单快速地做出完美的弧面。这些现代化的生产工具是精益求精、追求卓越的工匠们在长期的生产实践中取得的成果。可以说，工匠精神促进了生产工具的演变，提高了生产效率，促进了社会文明的发展。

随堂小记

▲ 石斧、斧头和切割机

（二）工匠精神为中国制造腾飞激发活力

制造业是国民经济的主体，是立国之本、兴国之器、强国之基。改革开放以来，我国制造业持续快速发展，建成了门类齐全、独立完整的工业体系，创新能力不断增强，规模跃居世界第一。中国制造成为支撑我国经济社会发展的重要基石和推动世界经济发展的重要力量。

目前，我国经济已由高速增长阶段转向高质量发展阶段。习近平总书记在党的二十大报告中强调，"高质量发展是全面建设社会主义现代化国家的首要任务"。高质量发展的制造业关系到经济高质量发展的全局。制造业高质量发展的推进依赖于物质层面的创新驱动，更取决于精神层面的强大动力。

无论在传统制造还是现代智能制造领域，工匠始终是中国制造业的中坚力量。工匠们的守正创新、追求卓越是我国从"中国制造"走向"中国智造"、从"富起来"走向"强起来"的必要支撑。进入新时代，大力弘扬"执着专注、精益求精、一丝不苟、追求卓越"的工匠精神，不仅有助于建设一支重知识、善技能、创新型的产业大军，更能够为推动我国实现高质量发展和第二个百年奋斗目标提供重要精神动力。

▲▲ 视野纵横

"中国制造"闪耀卡塔尔世界杯

在 2022 年卡塔尔世界杯上，从赛事场馆到周边商品，中国元素、中国品牌随处可见。全球数据分析和咨询公司"环球数据"（Global Data）公布的数据显示，2022 年卡塔尔世界杯中国企业共赞助了 13.95 亿美元，成为此届世界杯最大赞助方。从 2010 年首次赞助世界杯，到赞助总额位列第一，中国企业仅仅用了短短的 12 年。这背后，是中国制造实力的日益壮大和成长，是中国制造由"量"到"质"的飞跃和蝶变。

　　在基建方面，被誉为"金色之城"的卢塞尔球场是由中国企业以设计施工总承包身份承建的首个世界杯体育场项目。卢赛尔体育场是世界上同类项目中跨度最大、最复杂的索膜结构体系建筑，其建筑材料、技术、方案都由中国决策，展现了中国制造的品质与创新技术；运动员公寓采用了中辉绿建打造的节能移动房屋；中国企业共为球迷村提供了超过 1 万套集装箱式房屋。此外，卡塔尔教育城体育场、974 体育馆等赛事场馆，以及安检中心、媒体中心、场馆附属设施等多个场景，也有来自中国格力、美的等空调企业带来的阵阵清爽。

◀ 卢塞尔球场

　　在通信方面，在世界杯赛场内外，海能达为卡塔尔 TETRA 专网运营商提供了完整的系统及终端解决方案，为赛事核心区域公共安全力量部署，赛事组委会职能部门高效运转，提供了有力通信保障；华为派驻全球 200 余名员工来到卡塔尔进行通信建设，以保证多哈市包括比赛会场内的 5G 通信覆盖，并构建了 8K 画质的现场直播系统；vivo X90 系列不仅是卡塔尔世界杯全球官方手机，还是此届赛事首批官方用机，现场更是有人直接用 vivo X90 系列记录比赛，vivo X90 系列的影像几乎可以媲美专业摄像机；特别为听障人群设计的中国移动数智手语主播弋瑭也首次亮相世界杯，借助基于深度神经网络的自然语言处理、高逼真度 3D 渲染、行业手语语料库、融合手语知识的翻译模型等技术，让更多人感受到了绿茵场上的赛事激情，为"科技观赛"注入了"人文情怀"。

　　在用电方面，由中国企业承建的卡塔尔阿尔卡萨 800 兆瓦光伏电站，大幅提升可再生能源在卡塔尔能源消耗中的比重，助力卡塔尔兑现举办"绿色世界杯"承诺。

　　在出行方面，"中国制造"也驶入了世界杯。宇通客车为卡塔尔世界杯提供了约 1 500 辆赛事服务用车，其中包括 800 余辆纯电动客车，占世界杯运营车辆总数的 30% 以上。这是新能源客车首次作为主力服务世界杯赛事，也是国际大型体育赛事中首次大批量引入中国新能源客车。

在纪念品方面，卡塔尔首都多哈的大街小巷与世界杯主题商店里，都充满了来自中国的商品，球衣、帽子、背包……就连世界杯 32 强旗帜和大力神杯的周边商品也是中国制造。据估算，仅义乌制造就占了世界杯商品市场份额的近 70%。

"中国制造"在卡塔尔擦亮了金字招牌，"中国元素"在卡塔尔世界杯的每一个角落绽放出耀眼的光芒，彰显了我国在世界舞台的强大竞争力和深远影响力。随着中国企业在产品品质与科技创新上的口碑积累，大量本土企业在不同领域走向行业领先，我们将看到更多"中国制造"走向世界，见证我国从制造大国走向制造强国的发展之路。

（三）工匠精神为企业品牌塑造提供资本

随着市场经济特别是知识经济的到来，现代经济越来越呈现为一种品牌经济。塑造良好的品牌形象，有效开发、经营品牌资本，是企业参与市场竞争、占领市场制高点的重要手段。而工匠精神在企业品牌形象塑造和品牌资本创造过程中具有十分重要的作用。工匠精神是企业品牌内涵的重要体现，也是提升企业品牌知名度、美誉度及顾客忠诚度的有效途径，更是企业品牌资本价值增值的重要来源。大力弘扬工匠精神，让企业工匠的先进思想、先进事迹广为传播、深入人心，使工匠典型真正"红起来、亮起来"，有利于塑造企业品牌形象，提高企业的核心竞争力。

始于 1988 年的奥康，一直坚守精益求精的工匠精神。正如奥康国际董事长所说："品牌来之不易，要做就要精益求精。"奥康作为中国鞋业代表，尤其是作为传统产业领域中的出色"工匠"，几十年如一日，严把质量关。为铸"质量之魂，工匠之心"，奥康砥砺前行，不忘初心，力求塑造中国品牌，立志打造"中国鞋业新标杆"。

"品质铸就辉煌是我们的质量诉求。"奥康曾一次开除 8 名中高层管理人员，究其原因，是 8 人分厂生产的 500 多双新款皮鞋质量不合格，入库时被公司质量管理人员拒收。

没有规矩，不成方圆。奥康制定了严格的内控标准，并根据生产经营的实际情况，从各个环节严格把控质量关，开展全员质量培训，明确各级各类质量相关人员的职责，自上而下，层层分解落实产品质量安全岗位责任，严格岗位责任制考核，推动奥康产品质量安全责任和义务的履行。

"只有把产品做到极致，才能打动消费者。"在奥康，每一双鞋都蕴含着奥康匠人专注的目光和熟练的技艺，精细切割每一张牛皮，缝制、打磨、压制、刷胶、喷光、打蜡，最终呈现舒适的鞋款。

为助力"国货"回归潮，传递"国货"匠心之作，奥康在品牌建设方面不遗余力。2019 年，奥康作为鞋行业领军企业，和权威媒体携手共造中国消费风潮，推出联名"70 而潮"纪念款工装鞋，以表达爱国之情，推动国潮流量落地。奥康跨界推出的一系列"国潮"产品，不仅秀出了自身的品牌魅力，焕发出全新的生机与活力，也将中国文化以鞋子为载体传播到了更多的地方。

"中国皮鞋脚感是软的，中国品牌实力是硬的！"奥康从成立之初就以坚持实业报国的初心，秉承将民族品牌带向世界的愿景。2022 年，《人民日报》、《中国质量报》、央视《朝闻天下》等权威媒体，先后聚焦奥康高质量发展、品牌焕新升级等国民品牌崛起话题。奥康用了 30 余年的匠心沉淀，打造出了最舒适的男士皮鞋，用实力为"中国智造"添砖加瓦、保驾护航，实现了从国民品牌向世界品牌的华丽转身和自我进化。

◀ **奥康飞织车间**

位于奥康瓯北制造基地，24 小时运作，一个车间只需要 20 名工人轮班调试机器即可达到传统针织车间 150 名工人的日产量，是奥康的"智造车间"。

（四）工匠精神为员工道德提升锚定方向

尊重员工的价值、启迪员工的智慧、实现员工的发展，不仅是员工个人成长的强烈需求，同时也是现代企业的责任和使命。而工匠精神作为一种职业精神，是企业员工提升个人精神追求、完善个人职业素养、实现个人成长进步的重要道德指引。

冯展帅：从普通工人到技术能手的精彩跨越

员工只有自觉弘扬工匠精神，积极践行工匠精神，才能更好地提升职业道德，培养"干一行、爱一行"的敬业精神和"钻一行、精一行"的精益精神，才能以勤学长知识、以苦练精技术、以创新求突破，努力成为知识型、技能型、创新型劳动者，在全面建设社会主义现代化国家新征程上奋勇前进，最终成为实现中华民族伟大复兴的先锋力量。

◎ **课堂互动**

工匠精神不但对国家、社会、企业的发展具有重要意义，对人才培育也具有重要作用。请从学生的角度谈谈，工匠精神对学生的个人成长有什么作用？

二、工匠精神的培育和弘扬需全社会合力推动

工匠精神是中华民族宝贵的精神财富，中国特色社会主义进入新时代，工匠精神的时代价值更加凸显。培育和弘扬工匠精神是一项系统工程，需要加强多方协同合作，形成合力。

（一）加强技能人才培育

建设社会主义现代化强国需要创新人才，也离不开技术技能人才。党的二十大报告首次将"大国工匠"和"高技能人才"纳入国家战略人才行列。不论是传统制造业还是新兴制造业，不论是工业经济还是数字经济，高技能人才始终是中国制造业的重要力量，他们身上蕴藏的工匠精神始终是创新创业的重要精神源泉。

搭建技能生态平台，着力培养"新工匠"

技能人才是工匠精神的主要传承者、践行者、弘扬者，培育和弘扬工匠精神，政府相关部门需要加强政策支持，加大技能人才培养投入和服务供给，健全公共职业技能培训体系，深化产教融合、校企合作，实施职业技能培训共建共享，增强工匠精神培育的系统性、整体性和协同性；组织开展各级各类技能竞赛活动，为广大技能人才提供展示精湛技能、相互切磋技艺的平台，提升其职业荣誉感和获得感，营造学习工匠、争当工匠的社会氛围，激发培育和弘扬工匠精神的内驱力。

2022年11月，教育部等五部门启动了"职业教育现场工程师专项培养计划"，将加速培养20万名适应新技术、新业态、新模式的高素质技术技能人才、能工巧匠、大国工匠。

2022年寒假，在中车戚墅堰机车车辆工艺研究所，常州铁道高等职业技术学校的"技能小将"集训队正在跟岗实践，由中国中车集团的首席技能专家亲自指导，共同培养轨道交通装备智能制造技术的现场工程师。

技能大师当导师，产业标准进课堂，像这样的产教深度融合为高素质技术技能人才培养打下了坚实的基础。目前，各地培育的产教融合型企业已达4600多家，"00后"毕业生史先良正是得益于这样的培养，如今他已经是企业的青年骨干。

史先良是2021年南京市劳动模范，也是目前南京市唯一一位"00后"市劳模。"我参加工作的这几年，正赶上了南京市产业工人队伍建设改革如火如荼的东风。我遇上了好机遇、好企业，也找到了我想一辈子奋斗的好事业。热爱、专注、极致、坚守、担当，这是时代对我们年轻产业工人的要求，也是我们回应祖国召唤的使命和责任。"史先良说。

随堂小记

课堂互动

有人认为，脑力劳动比体力劳动更高级，低学历的技术工人是低端人才；高学历的研究人员是高端人才。你认同这种看法吗？为什么？

（二）完善职业教育体系

职业教育是工匠精神的源头，工匠精神是职业教育的灵魂。职业教育肩负着培养多样化人才、传承技术技能、促进就业创业的重要职责，在培育和弘扬工匠精神方面发挥着基础性作用。

培育和弘扬工匠精神，需要增强职业教育的针对性、适应性，加快构建现代职业教育体系，因地制宜、统筹推进职业教育与普通教育协调发展；推进不同层次职业教育纵向贯通，促进不同类型教育横向融通，加强各学段普通教育与职业教育渗透融通，强化职业教育类型特色，培养更多具有专业技能与工匠精神的高素质劳动者和人才；深化教学内容和课程体系改革，坚持"立德树人、德技并修"的教学理念，推动思想政治教育与技术技能培养融合统一；结合各类课程的知识属性、专业特征、教育功能，将工匠精神培育融入课程教学、实习实训等各个环节，形成整体育人的联动效应，引导学生服务国家战略、适应社会需求，树立爱岗敬业、精益求精的职业精神，走技能成才、技能报国之路；重视教师培养的先导作用，全面提升教师素养，建设一支技艺精湛、专兼结合的教师队伍，加强劳模和工匠人才创新工作室等平台建设，发挥传帮带作用，促进工匠精神传承。

▲ 视野纵横

从"大有可为"到"大有作为"

——新时代中国职业教育高质量发展综述

在全面建设社会主义现代化国家新征程中，职业教育前途广阔、大有可为。党的十八大以来，我国建成当今世界规模最大的职业教育体系，中国特色职业教育发展道路和模式基本形成，职业教育吸引力、影响力、竞争力不断增强，职业教育面貌发生了历史性、格局性变化。

构建纵向贯通、横向融通的现代职业教育体系

我国现有职业学校 1.12 万所，在校生 2 915 万人，职业教育在服务经济社会发展和个人成长成才中发挥了不可替代的重要作用。

近年来，有关职业教育改革创新发展的法律制度和政策举措密集出台，有力支撑了职业教育的高质量发展。从《国家职业教育改革实施方案》启动

"中国特色高水平高职学校和专业建设计划"，到《关于推动现代职业教育高质量发展的意见》等为职业教育发展指明路径，再到新修订的《职业教育法》明确"职业教育是与普通教育具有同等重要地位的教育类型"，职业教育深化改革有了坚实的制度保障。

如今，职业教育办学"天花板"被逐步打破，"中职、高职专科、职业本科"一体化的职业学校体系基本建成，中职的基础地位进一步巩固，高职专科的主体地位不断强化，职业本科正在稳步发展。职业教育与基础教育、高等教育、继续教育之间初步构建了融通机制。

为全面建设社会主义现代化国家提供有力人才和技能支撑

目前，全国职业学校共开设 1 300 余个专业和 12 余万个专业点，基本覆盖了国民经济各领域，有力支撑我国成为全世界唯一拥有全部工业门类的国家和世界第二大经济体。

根据产业布局和行业发展需要，职业教育大力发展先进制造等产业需要的新兴专业。2021 年，新版职业教育专业目录发布，首次一体化设计中职、高职专科、高职本科专业体系，共设立 19 个专业大类、97 个专业类、1 349 个专业，更新幅度超过 60%。调查数据显示，在现代制造业、战略性新兴产业和现代服务业等领域，一线新增从业人员 70% 以上是职业院校的毕业生。

10 年来，职业教育对接重点产业，强化工学结合、更加注重实训、推广模块化教学，广泛采用学徒制培养、订单培养。不少职业院校的学生还未毕业即被用人单位"预订一空"，一批优质学校毕业生进入知名企业就业。职业学校毕业生年终就业率总体保持在 95% 以上。

职业教育理念更加深入人心

在鸡蛋壳上雕刻出各地地标建筑，蒙着眼睛切出黄瓜拉花，在膨胀的气球上切肉丝……在职业教育活动周上，职业院校学生的精湛技能引起人群的一阵阵惊叹。

从 2015 年起，国家将每年 5 月的第二周设为"职业教育活动周"，同期举办全国职业院校技能大赛、中等职业学校"文明风采"活动。"技能成就出彩人生""技能服务美好生活""技能支撑强国战略"的理念正在深入人心。

10 年来，中国职业教育人才培养标准和专业建设质量获得国际广泛认同：中餐烹饪国际化教学标准纳入英国普通和职业学历框架体系；吉布提"鲁班工坊"填补了该国没有高等职业教育层次的空白；葡萄牙"鲁班工坊"的建设让中国特色职业教育标准体系走进西方发达国家……

目前，我国在职业教育方面与 70 多个国家和国际组织建立了稳定的联系，在海外 19 个国家建立了 20 个"鲁班工坊"。

随堂小记

实践证明，通过职业教育传播中华文化，是深化中外交流与合作的有效途径。目前，中国在 40 多个国家和地区开设"中文+职业教育"特色项目，为各国学员提供了职业教育培训和就业发展机会。

职业教育正成为促进"一带一路"沿线国家青年就业和民生改善、各国人民民心相通的有效桥梁，成为中外经贸和人文交流合作的新载体。中国的职业教育正以开放、包容、进取、活力的形象向世界展开怀抱。

资料来源：http://www.gov.cn/xinwen/2022-08/18/content_5705962.htm，有改动

（三）充分发挥企业作用

企业作为市场主体，为技能人才施展才华、发展事业提供了广阔舞台。

培育和弘扬工匠精神，需要充分发挥企业作用，加强企业文化建设，形成敬业、精益、专注、创新等企业文化理念，并将其融入生产标准、项目管理、绩效考核等相关企业制度，着力发挥企业文化的引领和凝聚作用；优化企业人才选拔机制，注重对人才职业价值观的考察，将工匠精神作为人才甄选的重要评价维度；完善企业人才培养机制，树立德才兼备的人才培养理念，结合本行业生产、技术发展趋势，把培养富有匠心、技能过硬的高技能人才纳入企业发展总体规划和年度计划，依托企业培训中心、网络学习平台等，加强对技能人才的培养；健全技能人才岗位使用机制，支持鼓励技能人才在岗位上发挥作用、管理班组、带徒传技；完善以职业能力为导向、以工作业绩为重点，注重工匠精神培育和职业道德养成的技能人才评价体系，推动考核评价结果与人才使用、待遇、荣誉等相衔接，让更多大国工匠、优秀技能人才脱颖而出。

（四）着力厚植工匠文化

在全社会营造尊重劳动、尊重技能、尊重工匠的文化环境，形成崇尚工匠精神的风尚，对于培育和弘扬工匠精神有着重要意义。

工匠精神的培育，需要工匠文化的滋养。这就要求各方通力合作，在全社会厚植精益求精、崇尚品质的工匠文化，使之成为社会文化的一部分。例如，通过学校、企业及各类媒体强化工匠精神的宣传和弘扬，营造出全社会尊重劳动、尊重技能、尊重工匠的文化氛围，为培育工匠精神提供适宜的土壤；开展体现工匠精神的文化活动，如举办各类大师、名师、巧匠的作品展览，引导大众在欣赏作品的同时近距离感受独具匠心的创作，体会工匠精神的精髓；大力评选表彰杰出技能人才，讲好劳模故事、讲好劳动故事、讲好工匠故事，让劳动最光荣、劳动最崇高、劳动最伟大、劳动最美丽蔚然成风，使技能人才享有应有的社会认同和尊重，使工匠精神成为引领社会风尚的风向标。

职业院校是培育未来工匠的摇篮，是厚植工匠文化的沃土。现在，越来越多的职业技术院校将工匠精神作为职业素养教育的重要内容，在校园文化建设中融入工匠精神，开展一系列工匠特色活动，引导学生成长为优秀的工匠。

甘肃省某汽修中专近年来积极探索工匠精神与校园文化的深度融合，结合职业教育特点，将"工匠文化"融入学校文化建设、融入校园育人活动、融入人才培养全过程。

该学校立足丝绸之路地域文化，制定了"丝路雅士、金塔儒匠"的人才培养目标，将工匠文化与学校校园文化建设和人才培养等工作紧密结合，形成了既通俗易懂，又催人奋进的校园文化精神氛围。

此外，该学校还积极开展"工匠节""班主任节""读书节""成人礼"等内容丰富的特色校园活动，不断培育和弘扬工匠文化，增强学校师生劳动光荣、技能宝贵、创造伟大的意识，持续深化校园文化建设内容，进一步提升育人实效；将社会主义核心价值观和工匠精神文化元素融入楼宇场地命名、雕塑主旨凝练、花木种植规划当中，建设布置了"孔子六艺""鲁班像""工匠锁""逐梦石""问天"等一批文化雕塑，坚持用静态的校园物质文化潜移默化地引导、感染学生，加强师生对工匠文化的认同，突出文化育人的特色。

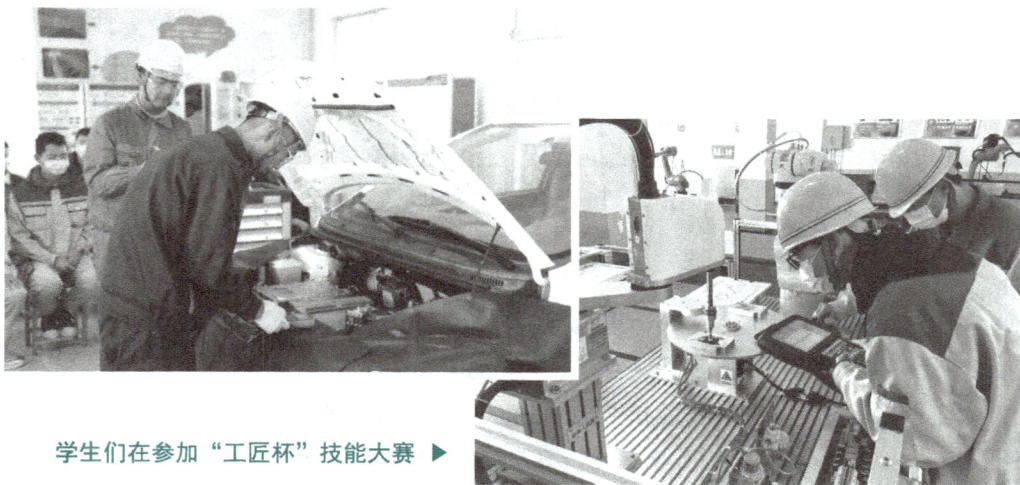

学生们在参加"工匠杯"技能大赛 ▶

（五）建立激励保障制度

培育和弘扬工匠精神，制度保障是重点。不同的制度安排对于激发人才的活力会产生截然不同的激励效应，建立科学有效的激励保障制度是工匠精神得以传承和发扬不可或缺的重要措施。

其一，要建立传统工匠技艺知识产权保护制度。针对传统工匠"传内不传外、传儿不传女、传大不传小"现象，通过运用法律、制度等形式加强与工匠相关的知识产权、技术专利的保护工作，最大限度地保护传统工匠的合法权益不受侵害。

其二，要建立濒临失传的传统工匠技艺抢救制度。要建立专项基金，抢救性保护那些濒临失传断代的民间传统技艺、工艺，抢救挖掘那些濒临失传的独门绝技，请大师名匠著书立说或为他们撰写人物志和传记，发扬光大传统技艺和工匠精神。

其三，要建立优秀民间传统技艺表彰奖励制度。可借鉴当今建筑界"鲁班奖"、工艺美术界"金奖""银奖"形式，对技艺界的精品、优品实行专项奖励制度，以此树立标杆、鼓励赶超。同时，对于那些德艺双馨的工匠大师、技师要授予荣誉称号，并不断提高他们的薪酬待遇。

其四，要建立名品优品特品甄别追究制度。为增加工匠的责任心和荣誉感，可借鉴古代社会"物勒工名"的办法，利用条形码、二维码等现代网络技术手段，对工匠、技师的每一件作品、产品实行甄别认证，既保障他们的著作权、让他们"扬名立万"，又对他们实行终身责任追究，以此强化工匠精神的建设。

视野纵横

"物勒工名"制度

《吕氏春秋》记载："物勒工名，以考其诚。工有不当，必行其罪，以究其情。"意思就是，国家强制工匠将名字刻在器具上面，一旦发现产品有质量问题，负责产品质量的官员"大工尹"将对不合格产品"按名索骥"，并追究处罚相关责任人。

"物勒工名"制度

战国时期，秦国能在列国的纷争割据中脱颖而出，以富国强兵之势一统天下，这种相对完善的产品追溯制度功不可没。"物勒工名"的优良传统之后被沿袭下来，并起到了监督产品质量和工程质量的作用。

汉承秦制，不仅"物勒工名"制度逐渐成熟，而且国家级"质量档案"——骨签得以建立。骨签上记录着各地工官（管理官府手工业的官署）和中央某些属官向中央"供进之器"的详细信息，既包括名称、数量，也包括生产日期、生产工官、官名、工名、编号等物勒工名要素，以便质量溯源。

唐代改进了"物勒工名"制度。当时，官府对手工业实行工匠征集制度，以确保官作坊的技术骨干保持一定数量；政府为工匠设立"匠籍"，要求子弟世袭匠籍；有关部门对传授技艺严格考核、监督，甚至对不真正履行义务者进行处分。由于重视工匠精神并进行了相关的制度建设，唐代涌现了一大批技艺精湛的工匠和工匠家族。例如，曾参加建造昭陵、翠微宫、玉华宫等大型工程的阎立德，便是唐代杰出的建筑工程师。

随堂小记

崇宁二年（1103），北宋官方颁布了一部有关建筑设计、施工的规范书籍《营造法式》，设立公共工程建设的各项标准。宋代作为中国封建社会发展的顶峰，一切都向着规范化与标准化的方向迈进，因此有学者认为，宋代的"物勒工名"传统已开始演化成"商标"形态。拥有"品牌"的工匠一改被动的"物勒工名"，开始主动在自己制造的产品上留下独有的标志，以便自己的产品跟其他同类产品区分开来。

在中国，"物勒工名"是一个源远流长的优良传统和优秀的管理制度，造就了一大批高质量工程，有的至今仍保存完好，如赵州桥、佛宫寺木塔、故宫等。该制度确立了生产者、监造者及制造机构与产品质量之间的责任关系，从而加强了国家对手工业生产和工程建筑质量的监管。

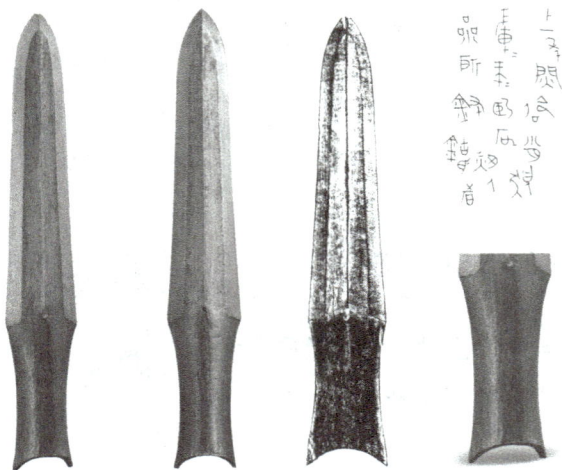

◀ 蔺令赵狃矛

蔺令赵狃矛（十一年蔺令矛）上刻有铭文，记录了令（主持者）、工师（监造者）、冶人（制作者）的名字。

"黄州府蕲水县"铭文城砖 ▶

位于南京的明城墙，每块城墙砖背后都有勒名。在一块"黄州府蕲水县"铭文城砖上，刻有 67 个字，记录了十一级烧砖责任人。

资料来源：http://beta.dooland.com/index.php?s=/magazine/article/id/946948.html，有改动

知行合一

学技能 铸匠魂

——主题班会活动

活动任务

三百六十行，行行出状元。职业教育照样能培养出出色的高精尖人才。我国职业教育发展多年，培养了无数技术人才，他们的故事告诉我们，掌握技术技能，也能拥有精彩人生，走技能成才、技能报国之路，成为杰出工匠，同样可以成就梦想。

请以"学技能 铸匠魂"为主题，围绕苦练技术、成就梦想、建设国家的工匠故事，开展一次主题班会。

活动分组

班级学生自由分为若干个小组，每个小组 4～6 人。各小组选出组长并由组长根据组员的意愿和能力进行任务分工，然后将小组成员及分工情况填入表 3-1 中。

表 3-1 小组成员及分工情况

班级		组号		指导教师	
小组成员	姓名	学号	任务分工		
组长					
组员					

活动准备

（1）了解主题班会的流程，邀请班长或教师作为班会的主持人，提前安排好教室、设备等。

（2）各小组搜集有关技能人才的资料，围绕班会主题制作 PPT 课件。

活动实施

按照任务分工实施活动，并将具体的实施情况记录在表 3-2 中。

表 3-2　活动实施情况

时间安排	实施步骤
	（1）导入活动：由主持人开场，简要说明班会主题及目的。 （主持人也可结合提前准备好的视频或 PPT 开场）
	（2）小组展示：主持人邀请各小组结合制作的 PPT 分享匠心报国的故事。 （展示顺序由小组抽签决定）
	（3）自由讨论：各小组相互提问，在交流碰撞中进一步加深对技能人才的认识和理解。 （交流时注意做好要点记录）
	（4）分享心得体会：大家互相提问，分享在本次主题班会中的心得体会。 （可结合自己的职业规划和对"技能成才、技能报国"的看法展开阐述）
	（5）活动总结：由各小组组长和主持人结合本次班会依次进行总结。

综合 评价

　　请学生本人、小组成员、指导教师针对学生在本项目的实际学习成果进行评价，完成表 3-3 所示的学习成果评价表。

表 3-3　学习成果评价表

班级		组号		日期			
姓名		学号		指导教师			
项目	评价内容			分值	自评	互评	师评
理论知识（20%）	能举例说明新时代培育和弘扬工匠精神的重要意义			10			
	能简要介绍新时代培育和弘扬工匠精神的途径			10			
活动实施（40%）	积极参与课堂内外交流，认真做好实践活动准备			10			
	勤于实践，勇于创新，在活动中表现积极，充分发挥个人作用			10			
	PPT 结构合理，逻辑清晰，内容有趣，重点突出，图文并茂，切换自然			10			
	汇报展示效果好，语言表达准确、得体			10			
综合素养（40%）	具备自主学习意识和独立思考能力，富有探索精神			10			
	具备团队合作意识和协作能力，富有责任感			10			
	具备强烈的社会责任感，能够把个人的理想追求融入国家和民族的事业中			20			
总评	自评（20%）+互评（30%）+师评（50%）=						
自我评价							
教师评价							

学思 践 悟

学习完本专题内容，请结合自身实际情况，写下你的所学所得、感悟体会与成长目标吧！

所学所得

感悟体会

成长目标

专题四

体悟工匠精神　汲取榜样力量

知识目标

- ✓ 理解工匠精神与爱岗敬业的内在联系
- ✓ 明确工匠精神与劳动精神、劳模精神的关系
- ✓ 了解劳模工匠以敬业奉献铸就"凡者不凡"的事迹

素质目标

- ✓ 树立正确的劳动价值观，培养爱岗敬业、忠于职守的职业精神
- ✓ 学习榜样事迹，将兢兢业业、追求卓越的工匠精神内化于心、外化于行

匠心初探

从匠心人物中汲取榜样力量

2023 年 1 月 10 日，"十年磨一剑——大国匠心人物影像展"在中华世纪坛艺术馆开展。本次展览将 63 组匠心人物的事迹通过文字、图片、视频等多媒体形式集中展现，对工匠精神进行生动诠释。展览中的 63 组匠心人物来自抗疫、航天、科技、环保、扶贫、非遗传承、建筑设计、技能创新和教育等领域。

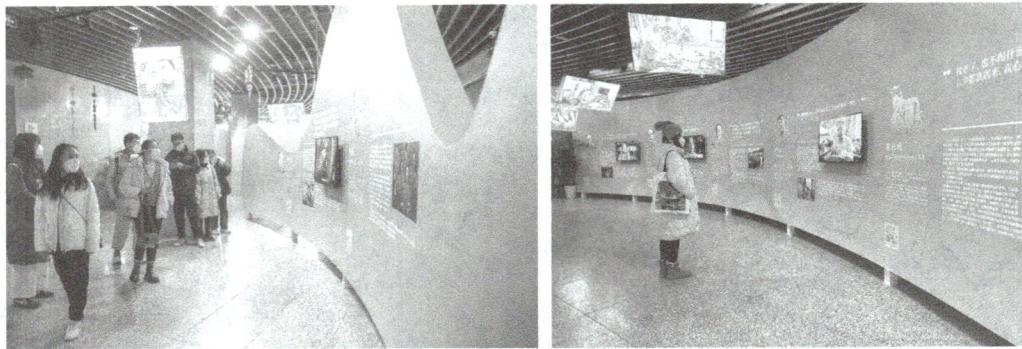

▲ 观众在参观"十年磨一剑——大国匠心人物影像展"

一位观众表示，工匠精神一直激励勤劳的中国人民不断地进取，在这个展览上，63 组匠心人物的故事更是给他"震撼"的感觉。"我看到很多匠心人物在刚入行时是意气风发的年轻人，以'择一事终一生'的精神，将自己的全部青春都奉献给自己的岗位。这对于年轻人来说非常值得学习。"

这 63 组匠心人物用匠心雕琢时代光影，以奋斗绘就美好生活。他们身上不仅传递着执着专注、精益求精、敬业坚守等品质，更承载着中华民族的精神财富和优秀文化品格，体现着对职业的认同、责任和使命。他们在各自不同的领域用相同的方式给这个社会传递着正能量，他们是我们的标杆和榜样。

思考与探究

（1）你知道哪些匠心人物？他们身上有哪些值得你学习的地方？

（2）你曾经受到过榜样的激励吗？你如何看待"榜样的力量"？

伟大出自平凡，平凡造就伟大。所有成绩的取得，无不源于点滴日常的努力；所有事业的突破，无不得益于积年累月的奋斗。中国特色社会主义进入新时代，为广大青年建功立业、施展才华提供了广阔舞台和难得机遇。不管从事何种职业，只有投身其中，通过不断的拼搏努力和诚实劳动，才能绽放不一样的精彩，彰显人生的价值，创造美好的生活。

随堂小记

新时代新征程，立足自身岗位，干一行、爱一行，钻一行、精一行，在各行各业中发光发热，既能在平凡的岗位中创造不平凡的人生，更能为实现中华民族伟大复兴的中国梦贡献一份力量。

一、用爱岗敬业夯实工匠精神的根基

（一）爱岗敬业是最基本的职业道德

中华民族素有敬业乐群、忠于职守的传统美德。梁启超在《敬业与乐业》一文中专门阐述了敬业的职业精神，他认为，凡做一件事，便忠于一件事，将全副精力集中到这事上头，一点不旁骛，便是敬业。

敬业与爱岗是紧密联系在一起的，爱岗与敬业互为前提，互相支持，相辅相成。顾名思义，爱岗就是热爱自己的工作岗位；敬业就是要用一种恭敬严肃的态度对待工作，兢兢业业做好本职工作，社会主义核心价值观对个人层面提出的第二个价值准则就是敬业。

各行各业都把爱岗敬业放在各项职业道德规范之首，并将其作为员工选用、考核的首要标准。作为最基本的职业道德，爱岗敬业是对人们工作态度的一种普遍要求。一个人是否有所作为，不在于他从事何种职业，而在于他是否尽心尽力把所从事的工作做好。一个人只有脚踏实地、勤奋工作，才能实现自己的人生价值，才能为社会做出贡献。

课堂互动

有人说："重要的岗位能轻易调动人的积极性，而平凡的岗位很难让人产生工作激情。"你认同这种看法吗？请说说你的理解。

（二）爱岗敬业是工匠精神的基石

爱岗敬业代表了一个人对工作的坚持、用心和热爱，是一种忠于职守的事业精神，是职业道德的基础，更是工匠精神的基石。正如国家级制表大师李家琦所说："爱岗敬业是工匠精神的基础，是一种美德，是对事业、职业应有的态度，无论你从事哪种职业，都必须敬业，只有敬业，才能成就事业。"

▶ 国家级制表大师李家琦

从古至今，凡是杰出的人物都是爱岗敬业的典范。他们立足岗位扎实工作，在本职岗位上尽职尽责，践行工匠精神，最终成就了一番事业。例如，詹天佑视铁路事业为自己的生命，为振兴祖国的铁路事业奋斗终生，直到去世前一个月还发出了"所幸我的生命能化成匍匐在华夏大地上的一根铁轨"的感叹；邓稼先一生致力于核武器研究，默默无闻地忘我奋斗数十年，舍生忘死，为我国核事业做出了不朽的贡献；屠呦呦为研发抗疟药物，默默耕耘半个多世纪，一生扎根中药学研究……

时代呼唤大国工匠，更呼唤普通劳动者以工匠精神激励自己，在爱岗敬业、争创一流、艰苦奋斗中做出无愧于时代的贡献。

二、用劳动精神、劳模精神描绘工匠精神的底色

（一）劳动创造美好生活

劳动是人有意识地、自觉地改变环境、改变世界的活动，是人类社会赖以生存和发展的前提。劳动不仅创造了世界，更是我们幸福生活的源泉。

从刀耕火种的原始农业社会，到现在的信息化时代，劳动创造美好生活的实质从来没有改变。不论是绚丽多彩的服饰、风味各异的美食、雄伟壮丽的建筑、便捷智能的交通交流工具等物质产品，还是思想深邃的图书、震撼人心的影视、婉转动听的音乐等精神文化产品，都是劳动的成果。人类靠劳动创造了多种多样的产品，改善了我们的物质生活，同时丰富了我们的精神生活。可以说，劳动是创造美好生活的源泉。

劳动精神是每一位劳动者为创造美好生活而在劳动过程中秉持的劳动态度、劳动理念及其展现出的劳动精神风貌。人世间的美好梦想，只有通过劳动才能实现；发展中的各种难题，只有通过劳动才能破解；生命里的一切辉煌，只有通过劳动才能铸就。

◀《劳动者的微笑》
作者：丁永乾

  劳动是中华民族的优良传统美德，更是新时代追求卓越、奋勇前进的精神力量。践行劳动、尊重劳动，方可自在；热爱劳动、享受劳动，方可自为。一粥一饭由劳动创造，诗与远方也要靠劳动才能到达，而我们不断追求的美好生活更需要由劳动来获得。

（二）劳动精神是劳模精神、工匠精神的根基

  劳模精神、劳动精神、工匠精神是中国共产党人精神谱系的重要组成部分，在新时代新征程上展现出了巨大引领价值。

  习近平总书记在 2020 年全国劳动模范和先进工作者表彰大会上指出，在长期实践中，我们培育形成了爱岗敬业、争创一流、艰苦奋斗、勇于创新、淡泊名利、甘于奉献的劳模精神，崇尚劳动、热爱劳动、辛勤劳动、诚实劳动的劳动精神，执着专注、精益求精、一丝不苟、追求卓越的工匠精神，并强调要大力弘扬劳模精神、劳动精神、工匠精神。

  劳模精神、劳动精神、工匠精神具有内在联系。劳模精神反映劳动模范在生产实践中的职业素养、职业能力、职业品质，弘扬劳模精神强调用劳模的先进思想、模范行动影响和带动全社会。劳动精神是劳动者劳动意识、劳动理念、劳动态度、劳动习惯的集中展示，弘扬劳动精神强调正确认识劳动是人类的本质活

大国工匠金其福

动。工匠精神不仅是大国工匠群体特有的品质，更是广大技术工人心无旁骛钻研技能的专业素质、职业精神，弘扬工匠精神强调在追求卓越中超越自己。劳动精神是劳模精神、工匠精神的根基，离开劳动创造，劳模精神和工匠精神就是无源之水、无本之木。劳模精神和工匠精神是劳动精神向更高水平的发展、在更高层次的升华。

  劳模精神、劳动精神、工匠精神代表着中华民族独特的精神标识，彰显着中国共产党的光荣传统和优良作风，赓续着我们国家和民族的精神追求，始终是激励广

随堂小记

大劳动者拼搏奋斗、不断前行的强大内驱力。

▲▲ 视野纵横

勤劳是中华民族的传统美德

勤劳是中华民族千百年来的行为倡导和传统美德。对劳动的肯定和赞美是中华优秀传统文化的重要内容。

勤劳是古代人民创造辉煌文明的重要力量。中华儿女自强不息，用劳动开启了幸福生活、创造了灿烂文化，在劳动中培养了互助和团结精神，在建筑、科技、手工业、天文地理等诸多领域都取得了无可比拟的成就。万里长城、龙门石窟、都江堰、大运河，以及天文仪、素纱襌衣（薄如蝉翼、重量不足50克）、榫卯结构、记里鼓车（中国古代用来记录车辆行进距离的马车）等，无一不是凝聚劳动人民勤劳智慧的伟大成果。

▲ 素纱襌衣和记里鼓车（模型）

新时代需要我们继续弘扬勤劳美德。中国特色社会主义进入新时代，中华民族迎来了从站起来、富起来到强起来的伟大飞跃。有人将中国的发展奇迹称为"勤劳革命"。的确，正是中国人的勤劳与奋斗将不可能变成了可能，使中国用几十年时间走完了发达国家几百年走过的工业化历程，从一穷二白成为世界第二大经济体。

世间没有一种美好生活，可以不经过辛勤劳动获得。不管经济怎样发展，社会怎样进步，观念怎样转变，劳动创造美好生活的实质不会变。进入新时代，我们应继续弘扬勤劳美德，为开创幸福生活而不懈奋斗。

三、用乐业奉献诠释工匠精神内涵

中华人民共和国成立后，各行各业涌现出一批批能工巧匠，推动了社会主义建设事业的蓬勃发展。改革开放以后，各行各业的劳动者大力发扬工匠精神，将专业专注、精益求精的理念和要求融入技术、产品、质量和服务的每一个环节，为国家发展做出了巨大贡献。

中国特色社会主义进入新时代，工匠精神的时代价值更加凸显。一个个平凡岗位上的劳动者，用点点滴滴的实际行动诠释着工匠精神，用奋斗与追求树立起一面面光辉的旗帜。踏实劳动、勤勉劳动的奋斗者，在平凡的岗位上干出了不平凡的成绩。在商场店铺，他们笑迎天下客，童叟无欺，提供优质的服务；在工厂车间，他们弘扬工匠精神，精心打磨每一个零部件，生产优质的产品；在田间地头，他们精心耕作，努力赢得丰收……

咫尺匠心　魏红权：在平凡岗位上做最好的自己

他个头不高，却有一双神奇的大手，铣刨磨钻、锉刮锯錾，样样都是拿手绝活，特别是他的手工研磨功夫更是让人叹为观止——没有标尺，不用仪器，单凭手上力道，他就能感知零部件尺寸的细微变化。一根主轴的设计精度要求达到头发丝的十分之一，而他手工研磨的精度却能达到 0.001 毫米，是头发丝的七十分之一，这是数控机床都难以企及的精度。

"研磨大师"魏红权

他就是全国"最美职工"、全国"五一劳动奖章"获得者魏红权。他用一双神奇魔幻手，磨砺精工品质，锻造国之重器，被誉为工业母机的"智造师"，国之重器的"机械手"。

◀ **魏红权**

中国兵器工业集团武汉重型机床集团有限公司高级技师。

◇ 2018 年 11 月，荣获第十四届中华技能大奖。

◇ 2019 年 4 月，入选全国"最美职工"，荣获全国"五一劳动奖章"。

◇ 2021 年 12 月，获评 2021 年第四季度"武汉楷模"。

◇ 2022 年 11 月，被授予"湖北工匠"称号。

1985年，魏红权从技校毕业后进入武汉重型机床厂（中国兵器工业集团武汉重型机床集团有限公司的前身，简称"武重"）工作，师从"全国劳动模范"余维明。魏红权从一开始就下定决心要成为一名出色的操作工。

俗话说，师傅领进门，修行在个人。为了练手艺，魏红权经常在别人下班后，还留在车间苦练基本功。每次去其他企业参观，魏红权还特别注意观察别人的加工方法，他说："我们把他们的加工方法借鉴过来，这也是学习的一个方法，这些都是机遇。但关键还是在个人，师傅教你之后，最后归根到底还是要你自己去领悟。"

经过不断的学习和练习，魏红权能够熟练操作车、铣、磨等多种精密加工机床，特别擅长机械零件的精密加工和各种刀量具的制造与修复。工作三十多年来，他先后攻克多项技术难题，参与完成军工、航空、航天等领域国家及省市重大项目30余项，创造直接经济效益数千万元。

魏红权介绍，他们做出了很多机床，可以加工很高精度的零件，但有些精度要求极高的零件只能依靠手工打磨。经过多年反复实践，魏红权摸索出了一套超精密的工作方法，经过他手工研磨的零部件精度达到甚至超过机械生产的精度，达到一根头发丝的七十分之一，人们都称他为"机械手"。

2010年，公司承接了某工程的加工项目，这是世界前沿技术，当时只有美国、俄罗斯等少数发达国家拥有此项技术。该工程核心运动部件的加工精度直接影响到项目的成败。在实际工作中，项目组果然卡在核心运动部件上，经过价值两千多万的进口高精密数控设备加工的零件，其精度仍不能满足设计要求。由于核心运动部件对精度、对称度、垂直度的要求都极高，加工难度非常大，并且核心运动部件由特殊材料制成，价值贵如黄金，万一加工失败，公司将蒙受严重的经济损失。因此，核心运动部件成了整个项目进展的瓶颈。

该项目不仅技术难度高，劳动强度大，而且责任重大，领导便交由魏红权担纲。魏红权认真分析核心运动部件的图纸和工艺要求，从加工方法、测量手段到使用的各种工具都反复推敲，最终琢磨出一套完整的加工方案。经过不断尝试，小心翼翼地研磨，尺度精度和角度精度一点点向设计要求靠近，一周后他终于啃下这块"硬骨头"，产品达到设计要求，顺利通过检测。

"每解决一个难题，我都会感到欣慰和自豪，这些工作带给我一种很强的成就感。其实掌握好技能，没有什么窍门，也没有捷径，任何手艺都是磨出来的，关键是要执着。"魏红权说。

2016年10月24日上午，由教育部、全国总工会等单位主办的"大国工匠进校园"湖北首场活动在武汉职业技术学院隆重举行。魏红权应邀参加该活动，并在现场进行装配技术和研磨技术实操展示，他用了十多分钟的时间，将原本普通的零件表面由雾面变成平整光亮的镜面，赢得现场观众一阵赞叹和掌声。

　　魏红权坚守在一线岗位，脚踏实地、精益求精，将一项平凡的工作做到大匠境界，用自己的实际行动诠释着工匠精神。他说："工匠精神就是要追求完美，要对自己的职业有执着的追求，要有锲而不舍的精神，坚守岗位、努力奋斗，在平凡的岗位上做最好的自己。"

咫尺匠心　黄俊：用心学好技术，当工人大有可为

　　自参加工作以来，黄俊以敬业诠释责任，以创新成就梦想，在机械自动化领域获得累累硕果。黄俊作为一线产业工人代表赴京出席全国劳动模范和先进工作者表彰大会时说道："这份荣誉和责任一定会成为我工作中的动力，鞭策我不断努力，在平凡的岗位上做出不平凡的业绩。"

　　中专毕业后，黄俊进入江苏恒力制动器制造有限公司，在装配车间做学徒。他跟着师父从工具的基本原理学起，很快便具备了钳工基础。在工作中，他勤学多思，尝试利用所学改进装配工艺，优化生产线，提高生产效率。黄俊急生产之所急，对技术求知若渴，技能水平不断提高，很快便成长为装配车间的技术能手。

　　黄俊是装配车间的"定海神针"。装配车间的工作作息是"三班倒"，24小时不能离人。"生产线高强度使用，经常会出问题。一出问题就需要维修人员立马解决。"2005年冬天凌晨3点多，正下着大雪，黄俊接到厂里的电话，得知新引进的自动化设备制动器底板生产线出现故障，怎么都找不到原因。"当时我们搬了新厂房，新厂房离我家有30多里路。"想到第二天一早就要交货，黄俊没有犹豫，开着摩托就从家往单位赶。得知黄俊要来后，大家终于松了口气。到了单位，黄俊便开始用万用表测量电压和电阻。一根，两根，七八十根，一根根试。一个多小时后，黄俊终于找到了问题所在。他将故障的电线更换后，线路通了，生产线恢复正常。

◀ **黄俊**

江苏恒力制动器集团首席高级技师、维修电工班长。
✧ 2016年，被评为江苏省劳动模范。
✧ 2020年1月，被授予"江苏工匠"称号。
✧ 2020年11月，被评为全国劳动模范。

黄俊是企业创新的有心人。自参加工作起，黄俊与机器打了 20 多年交道，他凭着强烈的兴趣和刻苦的钻研精神，成长为企业最年轻的首席高级技师，助力企业走出了一条非凡的创新之路。以前的汽车制动检测装置需要工人用脚去检测，而现在，黄俊研发出自动检测设备，用"机械脚"取代工人的脚，确保了汽车制动装置达到百分之百的合格率。这一自动检测设备已经成功被一汽、二汽、宇通等公司验收合格并配套使用。这项产品的制动间隙自调气压制动装置还被评选为中国汽车科学技术三等奖和中国汽车工业科技进步三等奖，为保证汽车的安全性能做出了重要贡献。

2016 年，在泰州靖江两级工会及靖江市中等专业学校（黄俊的母校）的支持下，黄俊劳模创新工作室在企业和学校先后成立。劳模创新工作室成立以来成绩显著，获中国设备管理创新成果三等奖 1 项、江苏省机械科技进步奖二等奖 1 项、泰州市科技进步奖 2 项、泰州市十大先进操作法 3 项，发表论文 12 篇（其中一篇获得机械工业高技能人才论文二等奖），获实用新型专利 14 项、发明专利 3 项。此外，黄俊和他人协作设计制造的全自动绕线机取得国家实用新型专利，填补了国内相关领域空白。

作为工匠精神的弘扬人，黄俊积极参与校企合作，受聘为靖江市中等专业学校的指导老师，为学生传授电气和数控机床维修等方面的知识和技能。2020 年 12 月 9 日，载誉归来的黄俊来到母校，坐客"大匠之门讲堂"，为学弟学妹们讲述自己的成长历程。他说："我的学历是职业中专，和现在听我课的职校学生是一样的起点。我想对你们说，既然选择了吃'技术饭'，就要牢记母校'修德 学技'的校训，在技术上刻苦钻研，在人生道路上修身立德。"

◎ 课堂互动

你认为当工人是否大有可为？要想成为像黄俊一样的杰出工匠，你认为现阶段自己需要做出哪些努力呢？

咫尺匠心 李景昌：匠心守护管道，奏响劳动最光荣的华美乐章

李景昌日复一日地用双脚丈量着输气管道，绘制了一幅国脉保护的"活地图"；年复一年地用情怀践行着庄严承诺，织密了一张管道安全"防护网"……李景昌十余年来栉风沐雨、任劳任怨、勇挑重担，从一名深耕基层的普通员工成长为全国"五一劳动奖章"获得者，把奋斗的足迹烙印在沟壑相连、山丘相依的管道沿线，把青春的汗水挥洒在技术创新、难题攻关的技师工作室，是敢于担当、善于钻研的新时代管网人。

2011 年，李景昌满怀着对能源事业的向往，成为一名西气东输管道保护工，开始了他的巡线人生。十余年来，沟壑相连、山丘相依的管道线路就是他的办公地

点。李景昌不惧冬风如刀、不畏夏日炙烤，日常巡护、走访宣传、隐患治理、施工管控、汛期排查、应急抢险……从不曾有丝毫懈怠。每年徒步巡检1 800余千米，李景昌早已把自己练成了行走的"活地图"，任何线路问题他都了然于胸，精心维护、精心管护、精心巡护成为他行动的标尺。李景昌说："每当我走近管道，就像走进了熟悉而亲切的家。每当我穿上橙色的工装，就像'圣斗士'穿上了战衣，守卫管道安全的责任感瞬间满格，内心充满了能量。"

◀ 李景昌

国家管网西气东输郑州输气公司管道作业岗技术员，全国"五一劳动奖章"获得者。

以马上就办、不落俗套的拼劲做好管道管理

2020年4月，西气东输公司技术技能人才综合实训基地在衢州开建，李景昌负责现场监管。为了实现年底投入使用的目标，李景昌秉着"基地一日不建成，我就一日不撤退"的信念，从方案制定、物资接收、施工监管，到设备调试、投产试用、问题整改，每个环节他都积极参与、精心实施，各类测试数据坚持自己动手测算，连续奋战7个月，使实训基地提前1个月顺利建成。

2021年7月20日，郑州特大暴雨造成城市内涝、交通瘫痪、水电中断。面对灾情，李景昌挺身而出，带动作业区年轻的管道保护队伍，冲锋在防汛抢险第一线，战斗在管道保护最前沿。他们连续三天三夜对管道沿线进行地毯式排查，及时发现安全隐患300余处，参与8处大型水毁应急处置，连续奋战90多个小时，用实际行动践行了"运行一刻不能停，供气一刻不能断"的庄严承诺，全力保障管道安全平稳运行。

以敢于亮剑、放低身段的韧劲开展管道保护

管道保护，最难的是防止新增占压。2021年11月，李景昌在管道沿线走访中了解到，有人打算在管道上方建农家乐，要盖板房、种树、挖鱼塘。他和同事赶去协调，晓之以理、动之以情，从《管道保护法》讲到真实案例，从利害关系聊到家长里短……就这样，前前后后历时四个多月，跑了十六七次，终于说服该村民重新选址，避让管道。

"管道人，就要有'橡皮肚子、飞毛腿'"。十余年间，李景昌所管辖的区域守

住了管道占压零新增的目标，4 处挂牌隐患也被逐个消除，累计排查消除各类安全隐患 60 余处，隐患消除率达 100%。

以办就办好、创造价值的闯劲提升管理水平

有工匠精神的人，往往追求百分之百的完美。"要想把管道保护好，光靠力气和拼劲还不行，还得想点子、靠技术，这样才能把活干得更快、更好。"抱着这种想法，李景昌开始了创新之路。李景昌一边干好本职工作，一边探索创新。他带领工作室在各类竞赛中摘金夺银，由他主导的创新项目也在各级竞赛中屡获大奖，为公司提质增效和人才培养打下了坚实基础。

"光缆耦合夹"是李景昌所在公司发明的一个测试光缆位置和埋深的装置。在这一装置的推广期间，李景昌发现，增强光缆耦合夹信号可以减少安装量，节约成本。为此，李景昌像着了迷一样，钻探坑、查资料、咨询专家，逮着空就反复试验。硅钢片、线圈成了他形影不离的宝贝。经过 10 多次的改进，李景昌不仅将信号强度增加了一倍，还探索出了更加便捷可靠的安装方法。

28 岁那年，李景昌在集团公司举行的职业技能竞赛中夺得金牌；33 岁那年，他获评上海市劳动模范；35 岁时，他荣获全国"五一劳动奖章"。李景昌用工匠精神守护的，是一条天然气输送能源大动脉——西气东输，它跨越万水千山，送达千家万户，融入了近 5 亿中国人的生活，成为一个奔跑向前的大国不可或缺的动力。

咫尺匠心 邹彬：选择砌墙这份职业，就要做到最好

湖南小伙子邹彬在平凡的岗位上坚守工匠精神，练就了一手砌墙的好技艺。在第 43 届世界技能大赛中，邹彬为中国捧回砌筑项目的第一块奖牌。如今，邹彬不仅在工地上指导砌墙，还负责质量检查。他说，技能学无止境，每份职业都很光荣。

2011 年夏天，初中毕业的邹彬跟着父母到建筑工地打工。他承担的第一项任务是搬砖，就是把一块块红砖递给正在砌墙的大师傅。

邹彬心里明白，这道工序看起来没有技术含量，实则特别有讲究。原来，砖块难免会断裂，而砌墙又恰好需要长短不一的砖块。"搬砖小工"给力，不仅能让断砖变废为宝、物尽其用，还能帮砌砖师傅减少切砖的时间。

"我提醒自己，再小的活也要认真干。"邹彬一边学习砌墙手法，一边为砌墙师傅递去合适的砖块，"实在找不到现成的可用砖块，我就自己动手切砖。"

有时候一刀下去，红砖直接碎成好多块，没法再用；有时候，切好的砖块太长或太短，还得返工……由于经验不足、方法不对，邹彬经历了许多次失败。但他并不气馁，而是虚心向他人请教。在工友们的指导下，他仔细观察不同砖块在密度、干湿度等方面的差异，找准切砖的力度和角度，再反复练习，即便受伤，也只是简单处理一下，就回到岗位上。勤学苦练一个月后，邹彬拥有了挑选砖块的"火眼金

睛"和愈发娴熟的切砖技术。

之后，邹彬开始学习砌墙。他勤学好问，不断练习。邹彬砌筑的第一面墙顺利通过了施工方的质量检测，但他却不满足，总觉得墙面看起来"不那么漂亮"。他的目光一寸寸扫视墙面，不放过任何一个角落，想方设法"挑刺儿"。他发现，砖块间的水泥砂浆组成了墙面的一条条灰缝。可无论横向还是竖向，这些缝隙都宽窄不一，禁不起细看。

"归根结底还是技术不过关。"邹彬说。于是，从砌第二面墙开始，他便更加细心。每砌完一排，都会回过头来检查一次，看看灰缝有没有对齐，墙面平整度、垂直度是否合格。即便是小瑕疵，也要返工，绝不放过。

"既然选择了这份职业，就要做到最好。"苦练一年后，只要是邹彬砌的墙面，纵横两向的灰缝都能控制在 1 厘米以内，砖面清清爽爽，见不到多余的水泥或污点。"哪堵墙是邹彬砌的，看一眼就知道。"邹彬砌的墙在当时的项目施工员心里打下了"免检"的烙印。

2014 年，在中建五局举办的"超英杯"技能比武上，邹彬凭借扎实过硬的基本功和一丝不苟的态度一举夺魁。此后，他一路过关斩将，在全国技能大赛中脱颖而出。2015 年，靠着练就的砌墙绝活，邹彬被中建五局推荐参加第 43 届世界技能大赛，他一路过关斩将拿到砌筑项目优胜奖，实现了中国在这一奖项零的突破。

世界技能大赛的砌筑项目比的是艺术墙砌筑，花纹复杂，墙面立体，砌筑难度很大。参赛选手必须具备丰富的几何知识，能够根据图纸的尺寸，计算墙面图案的角度、弧度和大小，再切割砖块、组砌。邹彬说："这恰恰是我的短板所在。"于是，邹彬来到中建五局长沙建筑工程学校，"回炉"再造。"什么不会就学什么，必须迎难而上。"邹彬告诉自己。

◀ 邹彬在第 43 届世界技能大赛砌筑项目比赛上的作品

邹彬 ▶

"几个月后，邹彬只要看一眼样图，就能迅速找到需要的砌筑工具。"中建五局长沙建筑工程学校副校长盛良曾是邹彬的教练，让他印象最深的是，邹彬把墙面当作艺术品来创作，沉下心来精雕细琢。一项计分点多达七八十项的砌筑任务，邹彬拿到90分还不满足，硬要重新来过，直到拿到95分才罢休。"这个分数，连拥有超强大脑的工业机器人也拿不到。可以说，他已经具备了用砖头'绣花'的能力。"盛良说道。

仅仅用了4年时间，这个泥瓦匠出身的"95后"小伙从工地上走到了世界大赛的领奖台上。获奖后，邹彬被中建五局总承包公司破格录取为项目质量管理员，还成立了"小砌匠"创新工作室。如今，邹彬已成为项目质量总监，不仅在工地上指导砌墙、砌筑样墙，还承担起质量检查的任务。

"三百六十行，行行出状元。"邹彬说："技能学无止境，每份职业都很光荣，在平凡的岗位上坚守工匠精神，终将实现自我价值，拥有闪闪发光的机会。"

四、用工匠精神照亮人生道路

如今，我国进入高质量发展阶段，这既对广大劳动者提出了更高的要求，也为每个人提供了难得的人生舞台。无数劳模工匠的事迹告诉我们，只要坚守工匠精神，把平凡的工作做到极致，就有可能成为这一行业的"状元"。我们要从这些典型的人物事迹中深刻体悟工匠精神，汲取榜样力量，并要始终坚信：不管处在什么岗位，只要大力传承和弘扬工匠精神，就能在劳动中体现价值、展现风采、感受快乐。

劳动模范方美芳

◀ 劳动模范方美芳

课堂互动

只要有坚定的理想信念、不懈的奋斗精神，脚踏实地把每件平凡的事做好，一切平凡的人都可以获得不平凡的人生，一切平凡的工作都可以创造不平凡的成就。请结合自身情况谈一谈如何在平凡岗位上诠释工匠精神，做出不平凡的成绩。

知行合一

诉匠心 传匠艺
——劳模工匠进校园活动

活动任务

光荣属于劳动者，幸福属于劳动者。劳模工匠不仅是一种荣誉和称号，更是一种精神和力量。许多劳模工匠几十年如一日地坚守初心，在平凡的岗位上默默无闻地奉献自己的力量，书写自己的人生。

请邀请当地的劳动模范、优秀工匠、高技能人才楷模或本校的杰出校友走进课堂，讲述他们的奋斗历程。请同学们聆听他们的故事，感受榜样力量，学习他们的优秀品质，传承劳模精神、劳动精神、工匠精神。

活动分组

班级学生自由分为若干个小组，每个小组4~6人。各小组选出组长并由组长根据组员的意愿和能力进行任务分工，然后将小组成员及分工情况填入表4-1中。

表4-1 小组成员及分工情况

班级		组号		指导教师	
小组成员	姓名	学号		任务分工	
组长					
组员					

活动准备

（1）各小组查阅资料、咨询老师，分别整理一份可联系到的劳动模范、优秀工匠、高技能人才楷模、杰出校友等的名单。在班级内讨论并从各小组提交的名单中选出 3~4 名劳模工匠。

（2）确定"劳模工匠进课堂"活动的举办时间，并制作邀请函。

（3）班级派出 3~4 个代表提前与选定的劳模工匠取得联系，并向其发出邀请函，沟通确认时间安排、活动流程、演讲内容等相关事宜。

（4）邀请班长或教师主持活动，并妥善安排教室、多媒体设备等资源。

活动实施

按照任务分工实施活动，并将具体的实施情况记录在表 4-2 中。

表 4-2　活动实施情况

时间安排	实施步骤
	（1）开场：主持人介绍活动的主题及目的，并介绍到场的劳模工匠。（主持人可以结合提前制作好的视频或 PPT 开场）
	（2）劳模工匠讲座：由劳模工匠依次讲述自己的故事。（在每位劳模工匠演讲完毕后，学生可以针对自己的疑问举手提问，由劳模工匠进行解答）
	（3）互动环节：学生和劳模工匠自由交流、互动。（学生可以自由活动，走近劳模工匠，进一步展开交流，了解榜样故事，汲取榜样力量）
	（4）分享心得体会：由各小组派出代表分享在本次主题班会中的心得体会。（学生可以结合对劳模精神、劳动精神、工匠精神的理解展开阐述，劳模工匠也可以分享自己的看法）
	（5）活动总结：由各小组组长和主持人结合本次活动依次进行总结。（活动结束后，每人写一份心得体会）

综合 评 价

请学生本人、小组成员、指导教师针对学生在本项目的实际学习成果进行评价，完成表 4-3 所示的学习成果评价表。

表 4-3 学习成果评价表

班级		组号		日期			
姓名		学号		指导教师			
项目	评价内容			分值	自评	互评	师评
理论知识（20%）	能简要阐述工匠精神与爱岗敬业的内在联系			10			
	能掌握工匠精神与劳动精神、劳模精神的关系，并阐述劳动的重要性			5			
	能讲出劳模工匠以敬业奉献铸就"凡者不凡"的匠心故事			5			
活动实施（40%）	积极参与课堂内外交流，认真做好实践活动准备			10			
	勤于实践，勇于创新，在活动中表现积极，充分发挥个人作用			10			
	热情参与互动，踊跃提出有价值的问题，积极分享观点			10			
	善于总结，心得体会语句通顺、思路清晰、感悟深刻			10			
综合素养（40%）	具备自主学习意识和独立思考能力，富有探索精神			10			
	具备团队合作意识和协作能力，富有责任感			10			
	具备见贤思齐的优秀品质，能汲取榜样力量，主动培养踏实肯干的态度和求真务实的作风			20			
总评	自评（20%）+互评（30%）+师评（50%）=						
自我评价							
教师评价							

学思 践悟

　　学习完本专题内容，请结合自身实际情况，写下你的所学所得、感悟体会与成长目标吧！

　　所学所得

　　感悟体会

　　成长目标

传承工匠精神　激发创新活力

知识目标

- ✓ 知道为什么说创新是引领高质量发展的金钥匙
- ✓ 能够复述我国古今工匠的创新事迹
- ✓ 明确匠心和创新的关系

素质目标

- ✓ 自觉传承工匠精神
- ✓ 培养勇于探索、攻坚克难的创新精神
- ✓ 紧跟时代步伐,密切关注现代社会发展的需要,发挥个人优势,积极创新,立志为社会发展贡献力量

匠心初探

大国工匠说创新

"创新是第一动力""坚持创新在我国现代化建设全局中的核心地位""增强自主创新能力"……在党的二十大报告中，"创新"一词多次出现，引发来自生产一线的技术工人代表热议。

韩利萍（航天特级技师）

"正是因为敢于攻坚克难、不断创新，我从普通工人成长为中国运载火箭技术研究院特级技师。"韩利萍扎根航天装备生产一线 30 余年，在近 200 次航天发射任务中，她攻克了多项技术难题，提出了多项创新性操作技术，为探月、北斗卫星导航系统等国家重大工程的顺利实施做出了突出贡献，被评为"大国工匠"。

韩利萍说："技术工人一样可以创新。在生产中遇到克服不了的问题，回到源头、探求本质、摸索规律，破解难题的金钥匙就能找到。创新一定是厚积薄发的过程，这需要我们平时积蓄能量，关键时刻亮剑而行。"

潘从明（冶金高级技师）

"大国工匠"潘从明也是生产一线的创新达人，他把"争当创新驱动发展的排头兵和新产业工人"作为使命。从业 20 多年来，他埋首提升贵金属提纯工艺，完成了 228 项创新项目，拥有 35 项国家授权专利，获得过国家科学技术进步奖二等奖。

"技术创新永无止境。"潘从明认为，生产工程中还有很多技术有待改进，新的问题不断出现，创新技术没有最好，只有更好。

在党的二十大代表中，还有不少"大国工匠"的身影：湘潭钢铁集团有限公司焊接顾问艾爱国、中车株洲车辆有限公司电焊技师易冉、湖北三江航天江北机械工程有限公司数控车工阎敏……他们立足岗位，攻坚克难，是一线工人不断释放创新创造活力的缩影。

思考与探究

（1）为什么党的二十大报告频频提及"创新"？

（2）你认为创新精神和工匠精神的内在联系是什么？

　　创新是一个国家、一个民族发展的不竭动力，是推动人类社会进步的重要力量。知常明变者赢，守正创新者进。在未来，我们应坚定不移走中国特色自主创新道路，踔厉奋发、勇毅前行，为全面建设社会主义现代化国家贡献力量。

一、创新引领高质量发展

　　世界经济发展史表明，一个国家如果率先成为世界科学中心和创新高地，就能快速实现现代化，跻身于世界强国之林。而一些传统强国衰落，与其失去或缺乏创新精神和创新能力密切相关。抓创新就是抓发展、谋创新就是谋未来。创新是引领发展的第一动力，坚持创新驱动是我国实现经济高质量发展的必由之路。

　　中华人民共和国成立以来，我国的科技创新人才不畏艰辛，开拓进取，创造了一个又一个震惊世界的科技创新成果：成功研制"两弹一星"，自主研制人工合成牛胰岛素，成功培育杂交水稻，发明汉字激光照排系统，自主研发设计大飞机，完全自主研发银河巨型计算机，独立掌握载人航天技术……

　　"嫦娥"揽月、"蛟龙"入海、"墨子"传信、"祝融"探火……中国特色社会主义进入新时代以来，我国基础研究和原始创新不断加强，一些关键核心技术实现突破，战略性新兴产业发展壮大，载人航天、探月探火、深海深地探测、超级计算机、卫星导航、量子信息、核电技术、大飞机制造、生物医药等取得重大成果，进入创新型国家行列。

　　在航天领域，我国不断刷新"航天事业新高度"。例如，"天问一号"探测器成功着陆火星，迈出了我国星际探测征程的重要一步，实现了从地月系到行星际的跨越；我国首颗太阳探测科学技术试验卫星"羲和号"发射成功，标志着中国正式迈入"探日时代"；"神舟十五号"载人飞船成功发射，标志着空间站关键技术验证和建造阶段规划的 12 次发射任务全部圆满完成，空间站即将进入应用与发展阶段；等等。

◀ "天问一号"

"神舟十五号" ▶

随堂小记

在高端装备制造领域，"大国重器"亮点纷呈。例如，我国工业母机的产业自主开发能力和产业技术水平显著提升，突破了全数字化高速高精运动控制、多轴联动等一批关键核心技术；百万千瓦水轮发电机组白鹤滩水电站顺利投产；国产大飞机 C919 试飞成功；"华龙一号"三代核电机组全面建成投运并实现"走出去"；国产首制大型邮轮完成商业首航；"蛟龙"号载人潜水器集成技术不断成熟，最大下潜深度达 7 062 米，"奋斗者"号载人潜水器下潜突破万米，我国深海潜水器成为海洋科学考察的前沿与制高点之一；等等。

▲ 白鹤滩水电站

在信息技术领域，我国新一代信息技术取得突破性进展。例如，国产芯片研发技术获得突破，芯片进口额不断减少；我国已经研制成功多台 E 级计算机原型机（每秒可进行百亿亿次数学运算的超级计算机），部署的超级计算机数量在世界超算 Top500 中位列第一；等等。

在通信技术领域，我国已步入通信大国行列，取得了多项傲人成就。例如，5G移动通信技术"领跑"世界，截至 2023 年底，建成基站总数达 337.7 万个；继世界首颗量子科学实验卫星"墨子号"后，成功发射我国第二颗量子通信卫星"济南1号"，这是世界首颗量子微纳卫星；等等。

在生物科学领域，我国取得了一系列标志性重大成果。例如，我国科学家培育出多年生水稻，入选《科学》杂志年度十大突破，这种多年生水稻可以达到广适、高产稳产、多年生性强的标准，可为农民节省数周的繁重劳动；我国提出了小剂量、长时间口服细胞毒性药物卡培他滨的节拍化疗模式，打破了传统化疗的疗效瓶颈，建立了国际领先、高效低毒且简单易行的鼻咽癌治疗新标准；等等。

此外，材料科学、工程技术科学、地球系统科学、原子能技术、高能物理等各

个新老学科均涌现出了一批较有影响、意义深远的重大成果，为我国经济社会发展
注入了创新活力和动能。

▲ 视野纵横

"科技冬奥"展现共创美好未来的力量

　　北京冬奥会不仅是举世瞩目的一场体育盛会，也是观察中国科技创新的一扇窗口。冬奥村中，智能设施让入住者尽享舒适、便利的生活；开幕式上，超高清地面显示系统呈现令人叹为观止的视觉效果；比赛场馆内，"最快的冰"让运动员们感受速度与激情的快乐；山地赛场，分钟级、百米级的精准气象预报为比赛顺利进行提供有力保障……科技感、未来感十足的北京冬奥会，令国际社会印象深刻。国际奥委会主席巴赫指出："科技的潜力令人惊叹，北京冬奥会在奥运会历史上第一次真正挖掘了这种潜力。"

◀ 国家跳台滑雪中心
"雪如意"

国家跳台滑雪中心"雪如意"荣获 2022 — 2023 年度中国建设工程鲁班奖。

　　"科技冬奥"展现中国举世瞩目的创新发展成就。中国高度重视科技创新工作，坚持把创新作为引领发展的第一动力。党的十八大以来，中国科技事业取得历史性成就、发生历史性变革，重大创新成果竞相涌现，一些前沿领域开始进入并跑、领跑阶段，科技实力正在从量的积累迈向质的飞跃，从点的突破迈向系统能力提升。为世界奉献一届精彩、非凡、卓越的奥运盛会，离不开强大科技实力的支撑。早在 2019 年考察北京冬奥会筹办工作时，习近平总书记就强调场馆建设要突出"科技、智慧、绿色、节俭"特色，摆在首位的正是科技。

　　"科技冬奥"彰显中国以改革创新为核心的时代精神。流光溢彩的开幕式视觉盛宴背后，是超大 8K 超高清地面显示系统、人工智能实时捕捉技术、裸

眼 3D 技术等的汇聚；国家速滑馆能快速形成最完整、最均匀的冰，得益于中国拥有自主知识产权的二氧化碳跨临界直冷制冰技术，冰面下长达 120 多千米的不锈钢管道中流动的液态二氧化碳保证冰面温差不超过 0.5℃；奥运史上首次实现全部场馆绿色电力全覆盖，离不开创造 12 项世界第一的张北柔性直流工程……科技不仅为北京冬奥会赋能，有关技术的转化和推广应用，也将为中国和世界的可持续发展赋能。

"科技冬奥"是创新推动人类进步的缩影。2021 年 1 月 19 日，习近平总书记在考察 2022 年北京冬奥会、冬残奥会筹办工作时指出，同我们国家的强国之路一样，中国冰雪运动也必须走科技创新之路，一方面要坚持自主创新，一方面要积极吸收世界上的先进技术和训练方法。中国速度滑冰运动员穿着的速滑服，经过 500 多个小时的风洞测试，能有效降低风阻；中国钢架雪车健儿穿着的高科技战靴，有采用仿生流体力学设计的导流线和科技材料打造的鞋底异形曲面碳板，能为运动员起跑、滑行提供重要支撑……在科技进步的推动下，运动员"更快、更高、更强"成为可能。

当前，世界百年未有之大变局加速演进，世界经济复苏面临严峻挑战，世界各国更加需要加强科技开放合作，通过科技创新，共同探索解决重要全球性问题的途径和方法，共同应对时代挑战，共同促进人类和平与发展。北京冬奥会的成功举办显示，加大科技创新力度，坚持开放合作，人类在时代挑战面前将变得"更快、更高、更强"，将携手开创更加美好的未来。

资料来源：https://www.idcpc.gov.cn/ldt/202202/t20220215_148370.html，有改动

二、创新塑造工匠精神灵魂

工匠精神不是因循守旧、墨守成规的"匠气"，而是在坚守中求突破、谋创新的"朝气"。从古至今，科技的创新与发展总是离不开精益求精、追求卓越的工匠精神。无论在任何时代，总有人能够突破自我，在创新的道路上做出卓越的成绩。

（一）古代工匠的开拓创新

中华民族数千年的文明江河奔流不息，涌现出许许多多空前绝后的伟大发明，极大改善了人们的生活，甚至还造福了全人类。

被中香炉：世界上已知最早的平衡环

这些伟大发明中，除了广为人知的四大发明——造纸术、印刷术、指南针和火药外，还有许多其他重大发明，如粟作、稻作、蚕桑丝织、琢玉、汉字、木结构营造技艺、青铜冶铸术、以生铁为本的钢铁冶炼技术、髹（xiū）饰（漆艺的古称）、制瓷、漏刻（计时

仪器）、水运仪象台等。这些伟大发明都离不开古代工匠开拓创新的精神。

▲ 剔红枫叶秋虫图漆艺盒

▲ 剔彩双龙戏珠纹漆艺圆盘

咫尺匠心 印刷术：中国古代四大发明之一

作为我国古代的四大发明之一，印刷术是我国古代劳动人民智慧的代表，也是印刷史上的一次伟大革命。它为中国经济文化的发展开辟了广阔的道路，为推动世界文明的发展做出了重大贡献。毕昇发明的活字印刷术被认为是世界上最早的活字印刷技术。

在印刷术发明之前，文化的传播主要靠手抄的书籍。手抄书籍不但费时费力，还容易出现错漏，既阻碍了文化的发展，又影响了文化的传播。为了解决这个问题，我国古代勤劳智慧的工匠发明了印刷术。印刷术方便灵活，省时省力，它的发明为知识的广泛传播、交流创造了条件。可以说，印刷术是人类近代文明的先导，对世界文明进程和人类文化发展产生了重要的影响。

中国是世界上最早发明印刷术的国家。中国古代的印刷术经历了雕版印刷和活字印刷两个阶段。

将文字、图像反向雕刻于木板，制成印版，再于印版上刷墨、铺纸、施压，使印版上的图文转印于纸张的工艺技术，被称为雕版印刷。根据历史学家考证，雕版印刷术发明于唐朝，并在唐朝中后期开始普遍使用。

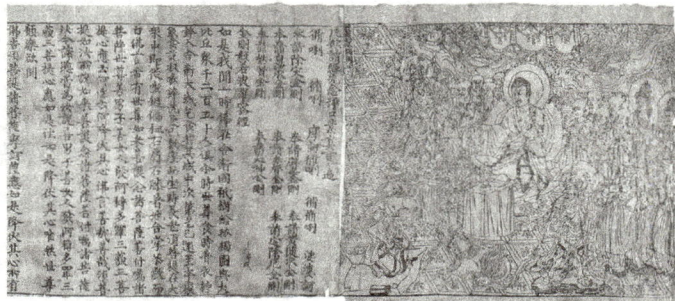
◀《金刚经》刻本
唐代雕版印刷的《金刚经》，现存于世的中国早期印刷品实物中唯一一份留有明确、完整刻印年代的印品。

随堂小记

知识链接

在雕版印刷术的基础上，古代工匠还发明了一种复杂、高精度的印刷技术——套版彩色印刷术。这是世界上最早的彩色印刷术，采用分色分版的方法，能够在一张纸上套印出多种颜色。工匠不但要预先制作相同规格、不同颜色的印版，还要在印刷时保证颜色次序和印刷位置准确无误。在古代缺少精密量具和卡具的情况下，工匠想要完成套版彩色印刷，必须依靠熟练的技艺。

北宋时期的毕昇精通雕版技术，在长期的雕版工作中，他发现雕版印刷耗时费力，书版雕成后不好保存，错字也不便修改。于是，毕昇开始思索这些问题的解决办法。经过长期的实践，他终于找到了解决方案，创造了世界上最早的活字印刷术。

根据沈括在《梦溪笔谈》中的记载，活字印刷术的方法如下：在用胶泥制成的毛坯

毕昇和活字印刷术 ▲

上刻出反体单字，然后用火烧制，胶泥变硬后就制作出了供排版用的泥活字。排版时，先准备一块铁板，在上面覆盖一层松脂、蜡和纸灰等的混合物，铁板的四周围一个铁框，然后按需求在里面排列泥活字。摆满一铁框就作为一个印版，拿着它用火烘烤；等混合物稍微熔化时，就用平板按压表面，使字面平整。这样做好一版后，就可以进行印刷了。印刷完成后，再拿着铁板用火烘烤，就可以把泥活字取下来。为了提高效率，活字印刷通常要准备两块铁板，一块用于印刷，一块用于排字，这样交替使用，印刷速度很快。这种方法节省了雕版费用，缩短了出书时间，既经济又方便。

毕昇发明的胶泥活字比德国人古登堡发明的铅合金活字早了400年。活字印刷技术对后世印刷技术的发展乃至世界文明的进步，产生了巨大且深远的影响。

咫尺匠心 瓷器：影响世界的重大发明

中国瓷器文化历史悠久、底蕴深厚，在世界上享有盛誉，是中华传统文化最具辨识度的标志之一。瓷器是火与土的艺术，是中国古代的一项伟大发明，在漫长的历史岁月中，勤劳智慧的中国先民们点土成金，写下光辉灿烂的篇章，为人类文明做出了巨大的贡献。

瓷器是在陶器的基础上演化而来的。人类烧制陶器的历史有几万年，世界上许多国家和地区都曾先后发明陶器，然而只有我国古代劳动人民在陶器的基础上发明了瓷器。中国瓷器的发展经历了漫长的时间，是一个从低级到高级、从原始到成熟逐步发展的过程。

中国瓷器之美

早在3000多年前的商代，中国就出现了原始青瓷。当时，随着制陶工艺的进步和制陶经验的积累，工匠们用耐温性更高的高岭土在高温下烧制出了一种硬陶。这种陶器已基本具备瓷器的特征，但其表面粗糙，只有一层薄薄的釉，还没有完全瓷化，因此被叫作"原始青瓷"。

◀（西汉）原始瓷青釉划花双系壶

此壶造型敦厚古朴，纹饰简练，釉厚而色深，是典型的西汉原始青瓷向东汉成熟青瓷过渡期的产物。

（战国）原始瓷青釉四系洗 ▲

此洗圆口内敛，弧腹，平底。灰白色胎。器里和口沿可见斑驳不匀的青釉。

知识链接

陶与瓷的区别主要在于原料土的不同和烧制温度的不同。陶器使用的是一般黏土，烧制温度一般在 $800℃\sim1000℃$，质地粗糙疏松。瓷器则需要以高岭土做坯，烧制温度一般在 $1300℃\sim1400℃$，质地细腻坚致。

经过1000多年的探索，到东汉时期，工匠们终于烧制出成熟青瓷，这是中国陶瓷发展史上的一个重要里程碑。

从原始青瓷发展到成熟青瓷，需要突破釉面烧制的难题。工匠们偶然发现，木炭屑溅到烧热的坯体表面后会产生一种反应，从而形成釉面。这种反应必须在很高的温度、相对封闭的空间中才会产生。想要烧出完美的釉面，仅靠木炭屑偶然溅落是难以实现的。在长期的探索和实践中，工匠们发明了一种稳定上釉的工艺，即在烧制前先将坯体浸泡在混有草木灰的石炭浆中，最终烧制出了成熟青瓷。

又经过300多年的时间，随着社会经济的发展和制瓷工艺的进步，到了隋代，工匠们又成功烧制出了白瓷。邢窑是中国最早的白瓷窑址，邢白瓷的发明与制作，打破了商代以来青瓷一统天下的局面，在唐代时期形成了我国陶瓷史上有名的"南青北白"的格局——南方以越窑为代表的青瓷和北方以邢窑为代表的白瓷并驾齐驱、平分秋色。

◀（唐）越窑青釉八棱瓶

灰白色胎，质致密，釉呈浅青绿色，色泽典雅，体现了盛唐卓越的制瓷工艺水平，现藏于故宫博物院。

（唐）邢窑"翰林"款白釉罐 ▶

胎白质坚，釉质莹润，釉色泛银灰，是唐代邢窑烧制的一件精美的白瓷，现藏于邢窑博物馆。

（宋）汝窑天青釉碗 ▶

胎质细腻，釉质莹润纯净，釉面开细小纹片，釉色如湖水映出的青天，堪称精美的稀世珍品，现藏于故宫博物院。

虽然白色釉在现在是一种十分常见的瓷器釉色，但是在古代，白色釉的烧制却是最难的。一般，瓷土和釉料中或多或少都含有一些氧化铁，这使器物烧出后必然呈现出深浅不同的青色来。要烧制出白色釉，需要使釉料中的含铁量下降到 1%以下，这在当时的条件下很不容易实现。但在工匠的不断探索和尝试中，中国白瓷的釉色经历了从青白釉到卵白釉，再到甜白釉、象牙白釉、白釉的发展过程。

从最初的青瓷，到脱胎于青瓷的白瓷，再到后来的绿釉、蓝釉、红釉等颜色各异的瓷器，工匠在长期的探索和实践中不断改进釉料配方，总结焙烧经验，烧制出了各种瑰丽灿烂的瓷器，古代制瓷业逐渐走向繁荣。

北宋时期，制瓷业空前繁荣，大江南北名窑迭出。当时的窑厂烧出的瓷器各有特色，汝窑、耀州窑浑厚，官窑、哥窑典雅，钧窑绚丽，定窑、景德窑清秀，建窑淳朴，磁州窑、吉州窑具有民间风采。其中，汝窑、官窑、哥窑、钧窑、定窑更是宋代的"五大名窑"，其流传至今的瓷器价值连城。

唐代时，中国的瓷器就开始向海外出口，瓷器每到一处，就会在当地掀起一股瓷器热潮。出口的瓷器甚至还改变了当地人的生活方式、文化。例如，在东南亚地区，中国瓷器的传入结束了他们用植物叶子作为饮食用具的时代，丰富和提升了他们的饮食文化。从这个意义上讲，在人类文明史上，还没有哪种商品能够和瓷器相比。

如今，享有盛誉的中华古瓷已成为世界各大博物馆里的明珠，是中国和世界各地专家学者的研究对象，并为广大收藏家和陶瓷爱好者所珍重。例如，土耳其国家博物馆收藏了我国宋代的青花瓷盘，只有当国宾来访时，这些瓷盘才会被摆在接待室里，以示敬意。

瓷器是中华民族的一项伟大创造，是中国对世界文明的伟大贡献。英文中，"中国"和"瓷器"共用一个单词。以瓷器代表中国，无疑是中国瓷器对世界文明产生了广泛且深远的巨大影响，并得到了举世公认的缘故。

咫尺匠心　水车：古代最先进的灌溉农具

水车是我国古代劳动人民发明的一种能引水灌溉的机械，被誉为"中国古代最先进的灌溉农具"。水车结构合理，汲水效率高，因而被广泛应用，代代相传。水车的发明，在解决农业灌溉问题上发挥了重要作用。最早的水车是人力驱动的，在此基础上，我国古代劳动人民还发明了利用畜力、风力、水力等驱动的多种水车。直到近代，水车才被电动水泵所取代。水车作为中国农耕文化的重要组成部分，其发明和改进充分体现了中华民族的创造力。

我国是一个农业大国，自古就有重农的传统，而水利则是农业的命脉。历史上，各朝各代投入了大量的人力、物力、财力，修建了众多水利工程。然而，无论是灌溉渠道还是运河难免会有"力"所不能及之处。因此，为了解决高地和离水源较远之地的灌溉问题，勤劳、智慧的古代劳动人民发明了能够引水灌溉的水车。

据史书记载，东汉时期，官员毕岚总结前人的经验，设计制造了一种能从河里把水抽到路面上的水车。这种水车被称为"翻车"，最初用于在路面洒水，以减少扬尘。

三国时期，魏国的机械发明家马钧对翻车加以改进，使其可以用于农田灌溉。改进后的翻车因形如"龙骨"，被叫作"龙骨水车"。龙骨水车一般安放在河边，下端水槽和刮板直伸水下，利用链轮传动原理，以人力为动力，带动循环的木链（即"龙骨"）周而复始地翻转，装在木链上的刮板就能把水刮入水槽，再被提升到高处而流入田间。龙骨水车因其轻巧、便于操作的优点而得到广泛应用，大大解决了农业排灌问题。根据史学家考证，龙骨水车是世界上诞生最早、应用范围最广的农用水车。现在，我国江南的部分地区还在使用龙骨水车灌溉农田。

最初的龙骨水车是用人力转动的，后来，智慧的劳动人们又设计制作了利用畜力、风力、水力转动的多种水车。唐宋时期，人们对轮轴的应用有了很大进步，发明了利用水流冲击来汲水灌溉的筒车。筒车是由竹或木制成的轮形汲水机械。其原理是，竹筒或木筒中注满水后，会在水流的冲击下随轮转到上部，这时，水会在重力的作用下泻入盛水槽，最后流入田中。筒车不仅效率更高，还解放了人力。元明时期，水车进一步发展，一架水车最多可以设置三组齿轮，人们可以依据风势、水势或地形环境来决定采用风力、水力或畜力驱动水车，从而大大提高了灌溉效率。这些水车的发明是我国古代农业自动化机械的重要创新成果。16 世纪，龙骨水车传到欧洲，对欧洲的农业发展起了很大的推动作用。

◀ 兰州水车

兰州水车是利用黄河水流的冲击力灌溉的水利设施，广泛用于古代兰州黄河沿岸，是黄河文化的重要组成部分，兰州也因其得名"水车之都"。兰州的水车制造工艺入选第一批国家非物质文化遗产保护目录。

龙骨水车（模型）▶

龙骨水车是世界上出现最早、流传最久远的农用水车，中国古代劳动人民发明的最著名的农业灌溉机械之一。

（二）当代工匠的发明创新

进入现代社会后，机械化生产日益发达，经济发展突飞猛进，产业结构发生了根本性变革。一些与现代生活不相适应的传统工艺逐渐淡出人们的视野，但工匠精神并未随之淡化、消失。强调创新、精益的工匠精神根植在现代工匠的血液之中，源源不断地为现代化制造业注入新的生机，散发出无穷的创造活力。

港珠澳大桥的技术创新

中华人民共和国成立后，我国涌现出一大批优秀的工匠，他们为社会主义建设事业做出了突出贡献。改革开放以来，"汉字激光照排系统之父"王选，从事高铁研制生产的铁路工人，从事特高压、智能电网研究运行的电力工人，等等，都是工匠精神的优秀传承者，他们让中国创新重新影响了世界。各行各业的工匠们凭借丰富的实践经验和锐意进取的创新精神，推动我国科技事业蓬勃发展，并取得了巨大成就。

咫尺匠心 汉字激光照排系统：让汉字在计算机中焕发新生

汉字是中华文明的重要标志，也是传承中华文明的重要载体。20 世纪 70 年代，随着计算机技术的发展，西方率先采用电子照排技术（利用计算机控制实现照相排版的技术）进行出版印刷。然而，当时的计算机信息处理系统里没有汉字，汉字面临着被计算机抛弃的危机。20 世纪 80 年代，我国成功研发出汉字激光照排系统。汉字激光照排系统是第一个计算机中文信息处理系统，也是汉字设计现代之路上的重要里程碑，使汉字焕发出了新的生机和活力。

如今，我们经常用手机、电脑等电子设备查阅、发送中文信息，这件我们看来习以为常的事情，在 40 多年前却是难以想象的。那时，我国的计算机主要用于科学运算和国防尖端工程，系统里没有精密汉字。

当时，我国的报纸、书刊主要用铅制的活字排版印刷，效率很低。为了改变这一落后面貌，1974 年 8 月，我国设立了国家重点科技攻关项目"汉字信息处理系统工程"（简称"748 工程"）。

1975 年，38 岁的北京大学无线电系教师王选，从在北大数学系任教的妻子陈堃銶（kūn）（qiú）处得知"748 工程"，便被其难度和巨大价值强烈吸引。

这个工程中最难的一步，就是让精密汉字进入计算机。与西文相比，汉字数量繁多、字形复杂，存储、处理和输出都非常困难。英文有二十六个字母，大小写共五十二个。汉字仅是常用字就有几千个，再加上不同的字号、字体，储存量会高达数千兆，而当时我国国产的计算机存储量才仅 6 兆多。

面对困难，王选大胆进行颠覆性创新，放弃了主流的"模拟存储"方式，采用"数字存储"方式，数学方法和软、硬件方法双管齐下，实现了汉字信息处理的核心技术突破。他研究出"参数表示规则笔画，轮廓表示不规则笔画"的"高倍率汉字字形信息压缩技术"，把几千兆的汉字字形信息大大压缩，顺利存进了只有几兆内存的计算机，这是我国首次把精密汉字存入计算机。其中用"参数信息控制字形变化时的质量"这一高招，在 1975 年是世界首创，获得了我国首个欧洲专利。

此后，王选又带领团队发明了"高速不失真的汉字字形信息复原技术"，并设计出加速字形复原的超大规模专用芯片，不但能使被压缩的汉字字形信息以 710 字/秒的速度高速复原，还具有强大的字形变化功能。

以此为基础，王选设计了汉字激光照排系统的核心——照排控制器，由它生成汉字字形信息，并控制激光照排机，在胶片或印刷版材上感光成字，然后制版印刷。

1979 年 7 月，我国诞生了第一张用汉字激光照排系统输出的中文报纸。此后，从成功排出样书《伍豪之剑》，到在出版社中实用成功，汉字激光照排系统成为我国第一个计算机中文信息处理系统，后来风靡全国，并出口到许多发达国家。

◀ 王选和妻子陈堃銶

此后，王选带领青年骨干不断创新，在"告别铅与火"后，又实现了"告别报纸传真机""告别电子分色机（采用光电扫描方法、计算机技术和激光技术，把彩色原稿分解成各单色版的制版设备）""告别纸与笔""告别胶片"等一次次出版领域的技术跨越，使我国延续上百年的铅字印刷行业得到彻底改造，形成了全新的电子出版和数字出版产业，开创了一条创新驱动发展的成功之路。

"748工程"不仅开创了我国印刷技术革命的新纪元，而且带动了中文计算机信息技术的全面发展，在开拓汉字信息处理技术及建立相关产业、开创计算机信息技术及应用、造就人才队伍等方面取得了令人瞩目的成就，是我国信息化和工业化建设相结合的成功探索与实践。

2001年，中国工程院公布"二十世纪我国重大工程技术成就"评选结果，"汉字信息处理与印刷革命"位列第二，与名列第一的"两弹一星"仅差一票。王选也因此荣获2001年度国家最高科学技术奖，以及"改革先锋""最美奋斗者"等荣誉称号。

以王选为代表的创新模范身上体现出的百折不挠、勇于创新、顶天立地、协作攻关等品格与风范，为我们树立了光辉典范。

咫尺匠心 高铁：中国"新四大发明"之一

凭借着高效、安全、舒适的突出优势，中国高铁被评选为中国的"新四大发明"之一。自2008年我国第一条高速铁路开通以来，中国高铁飞速发展。目前，我国已成为世界上高铁运营里程最长、在建规模最大、高速列车运行数量最多、商业运营速度最高、高铁技术体系最全、运营场景和管理经验最丰富的国家。作为中国装备制造业最具创新性的代表之一，短短十几年间，中国高铁成为全球轨道交通业发展的一面旗帜。如今，高铁已经成为中国走向世界的一张亮丽的"国家名片"。

高铁技术发端于西方，始于日本，兴于欧洲，盛于中国。中国高铁一路从跟跑、并跑发展到领跑，不仅跑到了西方高铁先行者的前面，还成为我国科学技术自主创新的一面旗帜。从十八大到二十大的十年间，我国铁路改革迈出新步伐，铁路装备实现升级换代。

从建设上看，我国高铁铁路网规模持续扩大。"八纵八横"高铁网不断扩容提质，全国重要经济节点城市之间基本都有高铁线路连接，将形成相邻大中城市间1～4小时交通圈、城市群 0.5～2 小时交通圈；改建后的北京丰台站成为亚洲最大铁路枢纽客站，也是国内首座采用高速、普速客运双层车场设计的大型车站；郑渝高铁全线贯通运营，三峡库区迎来首条高铁，河南省在全国率先实现 17 个省辖市"市市通高铁"……

从技术上看，我国高铁技术保持稳定提升状态。目前，已成功研制出新一代时速 350 千米及以上的高速列车，具备完全自主的中国高速列车技术、装备、产业化能力和运行服务能力；"复兴号"系列产品涵盖不同速度等级，适应各种运营环境，智能型动车组在世界上首次实现时速 350 千米自动驾驶；铁路总体技术水平迈入世界先进行列，高速、高原、高寒、重载铁路技术在世界处于领先地位，形成了具有独立自主知识产权的高铁建设和装备制造技术体系……

"作为中国第一代高铁工人，我见证并参与了中国高铁从追赶到领跑的跨越，如今我们已具备轨道交通全系列产品的研发和生产能力，不仅拥有完全自主知识产权，还制定了中国标准。"中国中车首席技能专家、中车唐山公司车体事业部高级技师张雪松说。

数字化、智能化是高铁人的奋斗目标。为落实党的二十大报告提出的"推动制造业高端化、智能化、绿色化发展"精神，中车唐山公司正加快转型升级步伐，打造"数智唐车"新品牌，奋力成为世界一流绿色、智能、人文轨道交通装备数字化服务型制造商，擦亮中国高铁"金名片"。

"有一种速度叫中国速度，有一种骄傲叫中国高铁。"如今，"和谐号""复兴号"成为越来越多人出行的首选，中国高铁也已成为我国"走出去"的一张靓丽名片。例如，作为共建"一带一路"和中印尼两国务实合作的标志性项目，雅万高铁全长 142 千米，最高运营时速 350 千米，是中国高铁首次全系统、全要素、全产业链在海外落地。雅万高铁连接印度尼西亚首都雅加达和第四大城市万隆，是印尼和东南亚的第一条高铁。"千岛之国"开跑中国动车，中国高铁再一次惊艳世界，"金名片"更加闪亮。

　（北京丰台站）G601 次复兴号列车 ▶

◀ 雅万高速铁路动车组

中国高铁从无到有、从弱到强、从强到优，直至今天走出国门、领跑世界的历程，闪耀着中国高铁工人"产业报国，勇于创新，为中国梦提速"的辉煌精神。他们用智慧的大脑和勤劳的双手，展示了中国力量，让世界重新认识了新时代飞速发展的中国。

（三）新时代工匠的自主创新

工匠精神既传承着历史，也代表着时代的气质，满足着创新发展的需要。中国特色社会主义进入新时代后，我国的创新发展体系不断完善，创新环境更优，创新链条更畅，创新后劲更足，创新氛围更浓。在这样的大环境下，一大批创新能力突出的新时代工匠脱颖而出。

咫尺匠心 影石创新：用全景技术重新定义运动相机

自 2015 年创立以来，影石创新（全称"影石创新科技股份有限公司"）始终专注于全景影像领域，坚持关键技术自主研发，推出的产品已经覆盖全球 200 多个国家和地区。根据最新数据，目前影石创新在全球全景相机市场占有率已经攀升到41%，超越了日本理光、美国 GoPro 等国外影像行业巨头，稳居行业第一。

影石创新的创始人刘靖康从小就对电脑有着浓厚的兴趣，进入大学后，刘靖康凭着自己高超的电脑技术成为学校里的风云人物。然而，他并不满足于只做一个"技术极客"。当时正值大学校园"双创"热潮，不甘于循规蹈矩的刘靖康萌发了创业念头。

2013 年，正在读大三的刘靖康组建创业团队并推出创业项目——"名校直播"App，主要为大学校园各类活动、讲座提供直播服务。这款产品曾在第一届人人网校园开发者大赛获得季军和"全国最具人气奖"称号,并顺利获得天使轮融资。然而,在接触直播领域后,刘靖康和团队发现,光靠一款 App 并不能高效地解决直播的拍摄问题和用户观感问题——用手机直播,视频只能拍到局部,并且清晰度不高,用户观感不佳,难以把现场很好地分享出去;用摄像机直播,一场直播需要布下多部摄像机,而且需要走位才能拍摄全场。刘靖康团队决定击破这个难题。

2014 年,刘靖康大学毕业,正式踏上了科技创新创业的道路。当时,国外推出"全景视频拍摄方案",给刘靖康团队带来了新的思路。经过一番思量,他们决定转型,将"触角"伸向硬件领域。于是,团队成员开始了对全景相机的探索和尝试。

2015 年,刘靖康带领团队创办了影石创新,专注于 VR 及全景相机领域。起步阶段,整个团队每天几乎只睡 3 个小时,刘靖康和团队成员还常常去工厂拧螺丝,打磨设备。经过多次失败,越过重重困难,1 年后,刘靖康团队终于成功研发出第一代产品 Insta360 4K beta。该相机一经推出便引起行业轰动。这台相机配备了两个 230°超广角鱼眼镜头,可以 360°全方位记录周围空间。在此之前的全景拍摄,所呈现的通常是由多张相片拼接而成的长条形照片,而刘靖康团队的发明创新则可以拍摄三维立体影像,观看者通过拖动手机屏幕或选择视角即可观看 360°无死角的现场细节。

刘靖康团队不但攻克了全景技术,也在 VR 技术方面投入了大量的精力。他们的全景相机不仅可以 360°全景呈现,还可以支持虚拟设备观看,实现身临其境的现场观感。2016 年 7 月,影石创新发布全球首款适配 iPhone 的消费级 VR 全景相机 Nano,迅速席卷大众消费市场,被苹果联合创始人史蒂夫·沃兹尼亚克称为"了不起的产品"。此后,专业级 VR 相机 Insta360 Pro 系列及 Titan 系列,被新华社、人民日报、中央广播电视总台等主流媒体,在庆祝中华人民共和国成立 70 周年阅兵、全国两会等多个国家级事件中用于 VR 记录和直播报道。

刘靖康与影石创新部分产品 ▶

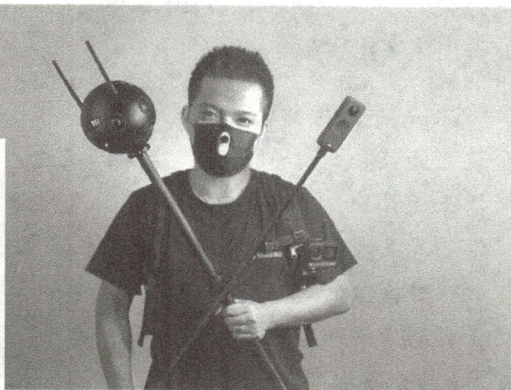

◀ 刘靖康团队

2020 年，影石创新一举击败日本理光和美国 GoPro 等品牌，荣登全球全景相机市场份额排行榜第一。2021 年 4 月 19 日，工业和信息化部公布《关于第三批专精特新"小巨人"企业名单的公示》，影石创新名列其中，并获评国家级制造业单项冠军。

影石创新作为"国货之光"，打破了海外科技巨头市场垄断，成为全球全景相机领域的第一，代表"中国智造"活跃在世界各地，见证各种重大历史时刻，成为各个赛事、会场上一道亮眼的风景线。

课堂互动

每当提及创业的初衷，刘靖康都会说："创业者大概都有一种源动力——去改变这个世界或者去创造财富。最初感觉创业这件事很好玩，并且能带来很好的收入，但是说到底还是内心有一种信念——这就是值得去冒险、去坚持的一件事情。"你如何理解刘靖康所说的创业的"源动力"和"信念"呢？

咫尺匠心 静象空间：在现代生活中传承与发展非遗文化

静象空间（全称"天津静象空间文化传播有限责任公司"）成立于 2017 年。自公司成立以来，静象空间始终关注中国非物质文化遗产传承，携手非遗匠人深耕传统技艺，融合现代审美设计、生产并销售一系列自主品牌非遗产品；立足数据科技与运营服务，打造非遗传承、创新、推广平台，整合非遗产品供应链，为非遗匠人提供打包式运营与管理服务，为渠道端提供定制化、系统性非遗产品。静象空间曾获 2019 年天津市海河教育园区文化创业大赛一等奖。此外，静象空间还曾受邀参加中国文学艺术界联合会 2018 年全国匠人大会、2018 年古陶瓷非遗高峰论坛等全国大会与学术论坛，以及 2018 年亚洲当代艺术展等活动，为中国非遗的传承和发展做出了突出贡献。

2017 年，屠金歌和于慧慧发现学校的校园文化活动较为有限，于是决定创办一个适合阅读、思考和交流的空间。经过广泛调研、周密设计和装修布置，"静象空间"正式开业，并举办了读书会、观影会、创意手作、人物博物馆等丰富多彩的文化活动，成为同学们在学习之余放松身心，内探自我、外寻知音的好去处。

在静象空间的运营过程中，屠金歌和于慧慧敏锐地洞察到了当代年轻人与传统文化之间"若即若离"的关系。一方面，年轻人对于传统手工艺品和民俗文化具有浓厚的兴趣和天然的热爱；另一方面，他们对传统文化的传承载体缺乏了解，很少真正接触非物质文化遗产。因此，让年轻人走近非遗、让非遗走进年轻人的生活，成为屠金歌和于慧慧的初心。

正当她们不知从何处着手开启创业旅程的时候，"一片叶子"飘入了她们的视线。一次，屠金歌和于慧慧去井冈山革命老区参加人文行走活动，在江西省吉安县永和镇的古吉州窑遗址，她们亲眼见证了瓷器木叶盏神奇的诞生过程。匠人将天然树叶以一定的规律布于施有墨色或茶褐色底釉的陶瓷坯体上，经上千度高温烧制，使树叶灰与底釉融合，形成美丽的木叶纹样。"上千度的高温下，稍有不慎，叶子便会立即灰飞烟灭，可匠人们却将它完好无损地定格在了小小的茶盏上。"屠金歌说，那一瞬间，自己被震撼了。木叶盏"一叶飘空天似水"的空灵景象和"柏树解说法，桑叶能通禅"的深远意境深深吸引着两位女生，她们当即决定以木叶盏为突破口，开启保护、传承和创新非遗技艺的创业之旅。

屠金歌和于慧慧立即在吉安县马不停蹄地开展调研，实地走访了当地数十位非遗匠人后，梳理出目前传承发展这项技艺面临的六大痛点：地区环境闭塞，产品产量、质量不稳定，营销支撑体系薄弱，产品设计脱离市场，销售渠道落后，专业人才匮乏。最突出的问题就是技艺传承后继乏人。屠金歌吃惊地发现，当地非遗匠人只剩下10位左右，年轻匠人寥寥无几。背后的原因在于，一方面老师傅不愿意把自己的绝招传给别人，另一方面因为缺乏销售渠道，好不容易做出来的产品也少有人问津。

屠金歌决定带着团队的年轻人创新与匠人的合作方式和非遗产品运营模式，将传统工艺与创新设计相结合，挖掘和培育更多优秀设计人才和手工艺从业者，开发具有文化内涵的作品。与此同时，她们利用自己擅长的电子商务、网络直播、众筹等年轻人喜闻乐见的方式，为非遗产品代言。经过不断的努力，她们创造了木叶盏单次众筹6天内销售额50万的业绩。

◀ 木叶盏（杨树叶）

通过直播进行"营销突围" ▶

如今，吉州窑陶瓷烧制技艺国家级、省市县级非遗传承人与静象空间建立合作关系，成为静象空间的技术指导、文化顾问与联合生产方。静象空间已成为木叶瓷器行业的领袖级品牌。

我国幅员辽阔、民俗文化丰富多彩、非遗技艺众多，为了将更多非遗匠人纳入服务运营体系，静象空间在全国布局，不断拓展经营品类，以木叶瓷为先锋，探索出了一条商业模式可复制与可持续经营之路。

经过发展，静象空间非遗产品运营与销售模式落地开花，服务于全国各地的多类匠人，与近三十个非遗工作室签订代运营协议，成功带动 60 余人就业，为乡村振兴战略的有效实施做出了贡献。

屠金歌和于慧慧还利用高新技术搭建起一个中国非遗数字化服务平台——静象SaaS（Software-as-a-Service，软件即服务），整合非遗产品上中下游产业链条，一方面，连接散落在全国各地的非遗传承人、匠人，为非遗匠人，特别是偏远地区具有较高技艺的青年手工艺者提供精准运营服务、数据管理服务、知识产权服务和学习社区服务，促进非遗技艺的传承与创新；另一方面，牵手电商、自媒体、带货主播等销售渠道，以及政府、媒体、高校及研究机构、企业实体等关键客户，打通非遗从生产到进入市场的各个环节，带动更多年轻人投身其中，促进非遗文化的传承与发展。屠金歌和于慧慧坚信，让非遗融入生活，才是最有生命力的保护方式。

创业路上没有坦途，但是选择了远方，便只顾风雨兼程。静象空间始终以知行造就品质，以创新实现传承，走出了一条属于年轻人的非遗保护与开发之路。屠金歌和于慧慧也将不忘初心，奋斗在实现非遗理想的追梦路上，为中华优秀传统文化的传承贡献青春力量。

课堂互动

现在，越来越多的年轻人开启了非遗相关的创业项目，用创新的互联网思维为非遗注入新的活力，以年轻的匠心传承传统文化。你对我国的非物质文化遗产了解多少？你对此类创业项目感兴趣吗？如果创业，你会选择哪个方向？为什么？

知行 合一

谈坚守　话创新
——主题辩论活动

活动任务

文化因赓续而繁荣兴盛，传统因创新而历久弥新。

工匠精神是坚守——闽南一绝的石上刺绣，一幅 A4 纸大小的闽南影雕，需要一位工匠在坚硬的岩石上敲打一亿次，点点滴滴，绘就中国人的沉静与耐心；龙泉青瓷烧制技艺代表性传承人徐朝兴，一手登峰造极的"跳刀"技艺，让长年累月"造青"的双手早已磨平了指纹。

工匠精神是创新——"嫦娥"奔月、"天问"落火、"羲和"探日、"天宫"览胜，让中华民族对宇宙的浪漫遥想照进现实；"华龙一号"示范工程全面建成投运，让我国核电技术水平和综合实力跻身世界第一方阵；立体交通网络穿山越海、四通八达，让天堑变为幸福通途。源源汇集的科技要素、勃勃而发的创新动能，成为引领发展的第一动力。

请以"坚守和创新哪个更重要"为辩题，开展一次辩论比赛，在辩论中相互交流、学习，增强创新意识，加深对工匠精神的理解。

正方观点：匠心坚守更重要

反方观点：创新探索更重要

活动分组

全班学生分为正方、反方两个小组，每组选择 4 名前排选手，分别担任一辩、二辩、三辩、四辩；其余组员为后排选手，参与自由辩论。将小组成员及分工情况填入表 5-1 中。

表 5-1　小组成员及分工情况

班级		组号		指导教师	
小组成员	姓名	学号		任务分工	
组长					
组员					

（1）邀请班长担任辩论赛的主持人，并邀请老师或学姐、学长担任评委。

（2）各小组成员提前做好资料搜集工作，并充分讨论交流，准备好论据。

（3）了解辩论队的成员组成及作用，熟悉辩论赛的流程（见表 5-2）、规则和其他注意事项。

表 5-2　辩论赛的流程

序号	程序	时间
1	正方一辩发言	3 分钟
2	反方一辩发言	3 分钟
3	正方二辩选择反方二辩或三辩进行一对一攻辩	2 分钟
4	反方二辩选择正方二辩或三辩进行一对一攻辩	2 分钟
5	正方三辩选择反方二辩或三辩进行一对一攻辩	2 分钟
6	反方三辩选择正方二辩或三辩进行一对一攻辩	2 分钟
7	正方一辩进行攻辩小结	2 分钟
8	反方一辩进行攻辩小结	2 分钟
9	自由辩论（反方先开始）	10 分钟（双方各 5 分钟）
10	反方四辩总结陈词	3 分钟
11	正方四辩总结陈词	3 分钟

活动实施

按照任务分工实施活动，并将具体的实施情况记录在表 5-3 中。

表 5-3　活动实施情况

时间安排	实施步骤
	（1）由主持人介绍比赛流程、参赛队所持观点、评审团成员等信息。

时间安排	实施步骤
	（2）按照表 5-2 中的流程展开辩论。 （主持人注意记录和提醒时间）
	（3）由教师和评委对整个辩论过程进行点评。
	（4）主持人对辩论赛进行简要总结。

综合 评 价

请学生本人、小组成员、指导教师针对学生在本项目的实际学习成果进行评价，完成表 5-4 所示的学习成果评价表。

表 5-4　学习成果评价表

班级		组号		日期			
姓名		学号		指导教师			
项目	评价内容			分值	自评	互评	师评
理论知识（20%）	能简要阐述创新对高质量发展的重要意义			10			
	能了解我国古今工匠的创新事迹，并简要介绍他们的创新成果			5			
	能深入理解匠心和创新的关系，并结合事例进行解释			5			
活动实施（40%）	积极参与课堂内外交流，认真做好实践活动准备			10			
	勤于实践，勇于创新，在活动中表现积极，充分发挥个人作用			10			
	组员间配合默契，攻守兼备，讲究文明礼貌			10			
	辩论中表达清晰、层次清楚、逻辑严密			10			
综合素养（40%）	具备自主学习意识和独立思考能力，富有探索精神			10			
	具备团队合作意识和协作能力，富有责任感			10			
	具备自主创新意识，有意愿结合社会发展需要开展创新创业活动			20			
总评	自评（20%）+互评（30%）+师评（50%）=						
自我评价							
教师评价							

学思 践 悟

学习完本专题内容，请结合自身实际情况，写下你的所学所得、感悟体会与成长目标吧！

所学所得

感悟体会

成长目标

专题六

弘扬工匠精神　彰显大国风采

知 识 目 标

- ✓ 能说出大国工匠的共同特点和主要事迹
- ✓ 明确打造大国品牌的重要意义，以及工匠精神在塑造品牌过程中发挥的重要作用
- ✓ 了解大国重器背后的中国力量及其所彰显的工匠精神

素 质 目 标

- ✓ 感受大国工匠、大国品牌、大国重器的魅力，增强民族自豪感
- ✓ 坚定技能报国的理想信念，争做新时代大国青年，自觉弘扬工匠精神

匠心初探

巡苍穹、探沧海　大国重器创造中国奇迹

从神舟家族到 C919 大飞机，从国产航母到国产大型邮轮，从港珠澳大桥到复兴号……这些上天入海在陆的大国重器、重大工程，凝结着中国人民的心血和汗水，闪耀着无数工匠的智慧与辛劳，也彰显着中国高度、中国深度、中国速度。

中国高度　从"神舟"问天、"嫦娥"揽月，到"祝融"探火、"羲和"逐日、"北斗"组网，再到 C919"逐步成长"，不断刷新着"中国高度"。

中国深度　大型邮轮、大型液化天然气（LNG）运输船、航空母舰一起，被誉为造船工业"皇冠上的三颗明珠"，直接体现了一个国家的工业实力和综合科技水平。如今，中国已集齐造船工业"皇冠上的三颗明珠"。

▲ **"爱达·魔都号"**

2024 年 1 月 1 日，"爱达·魔都号"正式迎来国内外宾客，进行商业首航。

◀ **C919 大型客机**

2023 年 12 月 16 日，一架蓝绿涂装的 C919 大型客机从香港国际机场腾空而起，飞向维多利亚港进行演示飞行，这是国产商用飞机首次翱翔香港上空。

中国速度　港珠澳大桥，一桥飞架三地，粤港澳大湾区形成"一小时生活圈"；金沙江下游，白鹤滩水电站巍然横跨，源源不断的清洁能源顺着密布的"银线"浩荡出川，只需 7 毫秒，电能就可"闪送"至 2 000 多千米外的江南；复兴号奔驰在祖国广袤的大地上，时速达到 350 千米，行驶一天就能穿越大半个中国。

思考与探究

说一说你还知道哪些"大国重器""重大工程"，请谈谈你对我国"大国重器""重大工程"的认识和看法。

中华人民共和国成立以来，尤其是改革开放以来，我国经济和社会发展取得了举世瞩目的成就，制造业飞速发展，现代化进程不断加快，国际地位不断提高。

近年来，我国工匠文化氛围更浓，创新成果更加璀璨。大国工匠扎根一线，践行着"执着专注、精益求精、一丝不苟、追求卓越"的工匠精神，攻克了一系列技术难题，刷新了一个又一个纪录；中国产品质量不断提升，国产品牌强势崛起，中国制造正在经历从产品输出到品牌输出的巨大转变；高技术制造业坚持创新领航，高端装备不断取得新突破，涌现出一大批国之重器；越来越多的青年人才积极践行和弘扬工匠精神，成长为优秀的工匠，为建设中国品牌、打造国之重器注入源源不断的新生力量。在各行各业工匠的共同努力下，我国正在从"制造大国"迈向"制造强国"，一个正在崛起的大国形象展现在世界面前。

一、大国工匠

大国工匠是一个怎样的群体？他们来自各行各业，他们技能超群、匠心独运、追求卓越，他们始终奉行"做事情要做到极致、做工人要做到最好"的信念，他们视产品的好坏为自己人格和荣誉的象征，他们是引领新时代工匠精神的典范，他们是支撑中国制造、中国创造的重要力量。

大国工匠评选的意义

2018 年，中华全国总工会与中央广播电视总台第一次联合开展"大国工匠年度人物"评选活动。截至 2022 年，已选树"大国工匠"87 名，其中"大国工匠年度人物"30 名，"大国工匠新闻报道人物"57 名。

这些大国工匠来自航空航天、制造业、能源资源勘探冶炼、交通和建设、电子科技和通信、非物质文化遗产保护等领域。他们都是所在行业的顶尖技术技能人才，也是劳模精神、劳动精神、工匠精神的优秀传承者。他们立足岗位，默默坚守，孜孜以求，追求着职业技能的完美和极致。他们有智慧、有技术，能发明、会创新，积极投身伟大斗争、伟大工程、伟大事业、伟大梦想波澜壮阔的实践，在全社会发挥了很好的示范引领和表率带动作用，以竞争、创新的昂扬姿态和决心，向世界展示中国智造实力，让每一件"智造"烙印上中国的特色，让中国的文化元素得以更好地向世界展示。

咫尺匠心 高凤林：火箭"心脏"的"金手天焊"

高凤林是中国航天科技集团公司第一研究院焊接工、国家高级技师。在他的手中，焊枪是针，弧光是线，他追寻着焊光，在火箭发动机的"金缕玉衣"上焊出了一片天。从事火箭发动机焊接工作 40 多年来，高凤林多次攻克发动机喷管焊接技术世界级难关，为北斗导航、嫦娥探月、载人航天等国家重点工程的顺利实施，以及长征新一代运载火箭的研制做出了突出贡献，被称为火箭"心脏"的"金手天焊"。

1980年，高凤林以过硬的作业水平和优异的文化成绩从技工学校毕业，分配到火箭发动机焊接车间氩弧焊组。能够分配到这里的人都是手上有真本事的，但高凤林没有丝毫骄傲自满，而是跟在师傅们身边虚心学习，两年的时间内，他跟了四位师傅，如饥似渴地学习着知识，精进着技术。为了练好基本功，他吃饭时拿着筷子练习焊接送丝的动作，喝水时端着盛满水的缸子练稳定性，休息时举着重物练习耐力，盯着一个物品眼也不眨地练习眼力，在手上绑沙袋，练习臂力和腕力，更曾冒着高温观察铁水的流动规律。在坚定的决心和惊人的意志下，高凤林渐渐练就了稳、准、匀的本事。

20世纪90年代，我国主力火箭长三甲系列运载火箭的三子级发动机是新型大推力氢氧发动机，其大喷管的焊接曾一度成为研制瓶颈。大喷管的全部焊缝长度近900米，管壁比一张纸还薄，焊枪停留0.1秒就有可能把管子烧穿或者焊漏，一旦出现烧穿和焊漏，不但大喷管面临报废，损失巨大，而且影响火箭研制进度和发射日期。这个难关最终被高凤林攻克了。这一新型号大推力发动机的成功应用，使我国火箭的运载能力得到大幅提升。

火箭心脏焊接人：高凤林

◀ 高凤林正在焊接火箭发动机大喷管

高凤林说："在我看来，工匠精神的核心，就是要做到让人竖大拇指。此外，个人目标一定要与企业的、国家的发展目标相一致，如此才能实现个人价值。"

在航天工作一线，大家都知道高凤林有把"不可能"变为"可能"的本事。这源于他在工作中敢闯敢试，不断创新突破。

某型号发动机组件的生产合格率仅为35%，需要高凤林带领团队在半年时间内拿出大批量合格产品。该产品采用的是软钎焊加工，而高凤林的专业是熔焊，这是一次跨专业的攻关。为了搞清机理，在技术层面把握关键，他跑图书馆，浏览专业技术网站，千方百计搜寻国内外相关资料。每天带领团队在20多平方米的操作间进行试验，两个月里试验上百次，最终形成的加工工艺使该产品的合格率达到 90%。

"我们航天事业的发展离不开高素质的工人，要当一个好工人也不是一件容易的事。"高凤林说。

在操作难度很大的发动机喷管对接焊中，高凤林研究产品的特点，使用"反变形补偿法"进行变形控制，这一工艺后来获得了国家科技进步奖二等奖；他还主编了型号发动机焊接技术操作手册等行业规范，多次被指定参加相关航天标准的制定。自学、实践、总结、再实践的过程，让高凤林逐渐成为国内权威的焊接专家，成为大家眼中把深厚的理论与精湛的技艺完美结合的专家型工人。

2006 年，由世界 16 个国家和地区参与的反物质探测器项目，因为低温超导磁铁的制造难题陷入了困境。来自国际和国内两批技术专家提出的方案，都没能通过美国国家航空航天局（NASA）主导的国际联盟的评审。一筹莫展时，诺贝尔物理学奖获得者丁肇中教授打听到了高凤林，请他出手相助。高凤林到现场调研考证后很快指出症结，陈述了自己的设计方案，最终获得认可，并以 NASA 特派专家的身份督导项目的实施。

高凤林说，国家要发展，需要全面的创新，不管是大创新、小创新，还是微创新。"希望我们新时代的产业工人，都能成为知识型、技能型、创新型的优秀劳动者！"

课堂互动

当前，越来越多的产业工人朝着知识型、技能型、创新型方向迈进，展现新时代产业工人的力量与担当。各行各业涌现出了许多杰出的工匠，并推选出许多像高凤林一样的大国工匠。你如何看待大国工匠选树活动？你熟悉的大国工匠有哪些？这些大国工匠对你有何影响？

一尺匠心　郑春辉：纤毫毕现，刻出中华软实力

郑春辉从小喜爱绘画，从 15 岁开始从事木雕工作。30 多年来，郑春辉凭着手中的一把刻刀，传承着先人的经典之作，也刻画着祖国的大好河山，为这个时代留下一件件传世之作。他创作的木雕作品多次获得国家级金奖，其中《清明上河图》创造了吉尼斯世界纪录，向世界展现了中华文化的软实力。他还培养了大量的木雕专业技术人才，为传统文化的传承和发展做出了积极的贡献。

木雕是我国一门古老的传统手工技艺。郑春辉的家乡福建省莆田市拥有悠久的木雕历史。莆田木雕兴于唐宋，盛于明清，风格独特，自成流派，素以"精微透雕"而著称，尤以立体圆雕、精微细雕、三重透雕等传统工艺闻名于世，历代以

来，名家辈出，精品迭出，屡屡在全国性的大展、大赛中折桂夺冠。

　　郑春辉自 1985 年开始从事木雕工作。在长期的工作中，郑春辉深刻体会到艺术的生命在于独创性，因此，在继承传统工艺的基础上，他进行了大胆创新。郑春辉对中国古典诗词情有独钟，他采用中国山水画的构图章法布局，将中国古典诗词所表达的意蕴融入木雕之中，以现代雕塑手法结合传统雕刻技法进行雕刻，开创了山水木雕全新的意境，形成了鲜明的个人艺术风格，每一件作品都意境幽远，充满诗情画意，深受广大受众的喜爱。"我的创作理想，就是要打破人们对传统工艺的认知。木制工艺品不单是一种观赏摆设，也能以木载道、富有哲理。"郑春辉说。

◀ 正在雕刻作品的郑春辉

　　2009 年，郑春辉偶然发现了一棵巨大的香樟木，从看到它的那一刻起，在郑春辉脑海里闪现的，就是用它来创作传世经典《清明上河图》。宋代版《清明上河图》长 528 厘米，高 23.8 厘米。为了让巨木得到充分利用，郑春辉把原画的长度放大一倍，高度放大了六倍。

　　行船、流水、桥梁、店市、民房、人物……在尊重原作的基础上，他通过镂空雕、透雕、浮雕和莆田精微透雕等技法，让躺在纸上千年的中国名画立体了起来。这件作品上雕刻有 700 多个人物形象，每个人物仅有大约一寸高，却至少需要雕刻一百多刀。郑春辉把最后的创作留在了一根纤绳上。这根纤绳长 66 厘米，直径仅有 4 毫米，稍有不慎就会开裂，甚至折断。他在这块区域雕去的木料重达 1 吨。

　　2013 年 11 月，由郑春辉总设计并带领工作室创作团队，历时 4 年多创作的大型香樟木雕作品《清明上河图》被载入吉尼斯世界纪录，并被收录在用 24 种文字出版的《吉尼斯世界纪录大全》一书，向全世界展示了中国传统木雕的艺术魅力。这件作品震惊世界的，并不仅仅是其长度，还有其所展示的令人叹为观止的精湛雕刻技艺。

　　这件作品分为正反两面，正面雕刻的是宋代版《清明上河图》，背面雕刻的是清代版《清明上河图》，一刀一刻间，纤毫毕现。房舍街道鳞次栉比，拥挤的人流、五行八作（泛指各种行业）的细致描摹，无不体现出雕刻者出神入化的技艺。

尽管每个人物最多只有寸把长，可是神态各异，人物形象鲜明。透过街边酒肆的窗户，连里面正在把酒言欢的食客亦刻画得活灵活现。木雕作品《清明上河图》可谓是莆田木雕技法的集大成者。整个作品融会了镂空雕、透雕、浮雕和精微透雕等雕刻技法，繁而不杂，层次分明，街市的喧闹声、行船声和流水声都仿佛在耳畔。

▲ 木雕作品《清明上河图》

这件木雕作品重约 30 吨，由中国工艺美术大师、国家级非遗项目莆田木雕代表性传承人郑春辉历时近 4 年，在一棵长 13 米、最大直径达 3.5 米的千年"樟木王"上雕刻而成。

木雕作品《清明上河图》的雕刻局部 ▶

　　炉火纯青的木雕技艺，让郑春辉收获了中国工艺美术领域的所有奖项。然而，他并未满足于此。他突破百鸟朝凤、富贵吉祥、宗教故事等早已烂熟于胸的传统木雕题材，独树一帜地开创了莆田木雕乃至中国木雕的新品类——山水木雕。

　　他用中国传统文人山水画虚实相间的构图方式，以刀代笔，将古诗词的意境、平面山水绘画立体地呈现出来。郑春辉于 2018 年 11 月创作完成的大型山水木雕作品《千里江山图》，是在一根桧木上重现了北宋画家王希孟传世的同名青绿山水画。他巧妙利用桧木原有的颜色来体现青绿山水画的色彩特点，用木头的纹路来表现岩壁的巉（chán）峻，而木头长近 12 米、高 0.9 米、厚 0.68 米的体量，既可以复现原画中江河烟波浩渺、群山层峦起伏的磅礴气势，又能够精细刻画原作中几笔带过的渔村野市、水榭亭台、茅庵草舍、水磨长桥等小景，而穿插其间的捕鱼、驶船、游玩、赶集等动态场面，更让整件作品动静结合，恰到好处。

　　与一般的传承人不同，郑春辉在"守正"的同时不忘"创新"："我一直在思考怎样用传统的东西，带给现代人一份惊喜。我的信念是通过自己的工作，来传承中国传统文化、传统技艺，并在此基础上不断地探索、创新。"他的山水木雕创作，不仅是将传统山水画立起来，而且尝试用这种方式来反映现实、记录时代。

郑春辉还创办了莆田市首家民办木雕艺术馆——春辉木雕艺术馆。木雕艺术馆现收藏有《清明上河图》《千里江山图》等逾百件作品，一直坚持公益性开放，从业内同行、高校师生、商旅人士到港澳台同胞和外国艺术家，接待访问者无数，在弘扬莆田木雕文化的同时也为城市增加了人文景观。

对郑春辉来说，木雕艺术馆更重要的意义还在于人才培养。目前，他与鲁迅美术学院、福建艺术职业学院、内蒙古师范学院、莆田学院等多所高等院校合作建设实践基地，用"二元制教学"培养的雕刻人才具有更扎实的理论基础、更宽广的实践空间。"福建是工艺美术大省，传承创新任重道远。建功新时代，需要我辈继续努力。"

咫尺匠心　刘更生：修旧如旧，让京作家具闪耀文化之光

刘更生是中国非物质文化遗产京作硬木家具制作技艺第五代代表性传承人。1983年，他开始从事京作硬木家具制作与古旧家具修复工作，几十年间，他勤学苦练，精心打磨每一件作品，也用时光打磨出了愈发精湛的手艺，最终从一名木工成长为北京一级工艺大师。

京作硬木家具起源于明清时期，制作技艺复杂，集实用性和艺术性于一身。1983年，19岁的刘更生成为有着160年历史的京作宫廷家具老字号——龙顺成的学徒，开始学习"京作"硬木家具制作与古旧家具修复技术。

"刚开始当学徒，都要先学习开榫、凿眼。我在凿一个眼的时候，一下把眼给凿坏了，师傅非常生气，他心疼这块料。"师傅后来的一番教导让刘更生懂得，作为木匠应该惜木如金，更让他明白只有静下心来，才能把手上的活练好。

从那时起，刘更生每天都背着一大包废木材，刮刨子、下锯、凿孔，这些看似简单的动作，他重复练习了成千上万次。长时间保持同一姿势，刘更生变得有些驼背，但年复一年的勤学苦练，让他在方圆之间练就了精湛的木工技艺，锛（bēn）凿斧锯样样精通，刨出的刨花也薄如纸张。

出于对中华传统文化发自心底的热爱和尊重，刘更生沉浸在对木艺制作的潜心钻研中，技艺愈发精湛。

2001年，刘更生开始负责古旧家具的修复工作。他说："修复远比制作新家具要难得多，要对传统家具的文化、历史、风格谱系均有细致的了解和研究，才能分辨出古旧家具的材质、器型与制作工艺，从而将各种木工技艺运用于修复工作中。"

近几年来，刘更生多次参与重要文物的大修与复制。他成功修复了故宫养心殿

的无量寿宝塔、满雕麟龙大镜屏等数十件木器文物，复刻了故宫博物院金丝楠鸾凤顶箱柜、金丝楠雕龙朝服大柜，使经典再现，传承于世，为京作技艺、民族文化的继承和发扬做出了贡献。

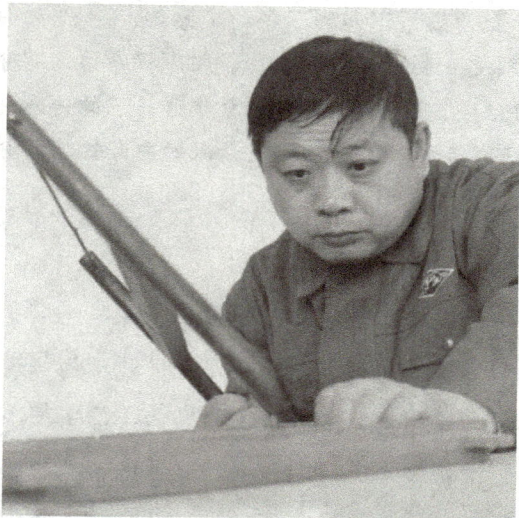

◀ 刘更生

　　他还设计制作了 2014 年 APEC 峰会 21 位国家元首桌椅、内蒙古自治区成立 70 周年大座屏、宁夏回族自治区成立 60 周年贺礼、2019 年建国 70 周年大庆天安门城楼内部木质装饰、2022 年北京冬奥会定制座椅等国家重点工程家具。

▲ 2022 年北京冬奥会定制座椅

　　北京冬奥会开幕之前，刘更生每天都忙着为冬奥会定制座椅进行平整度检测。"国家对红木家具平整度的要求是小于 0.2 毫米，而我们对冬奥会产品的平整度要求是小于 0.1 毫米。"京作工艺为全榫卯结构，榫卯相扣，契合为一。每个精微步骤都是匠人与技艺的心灵对话。他说："我理解的工匠精神就是追求极致，是发自内心对手艺的敬重。我希望能用我的双手让传统家具焕发新生命。"

《说文解字》里记载："匠，木工也。"今天作为文字的"匠"，早已不再单指木工。而刘更生，却用半辈子的时间，把"匠"回归到了字的本意。

以心琢物，以技传世。2016 年，刘更生创新工作室成立。他不遗余力地将手艺传授给生产一线的工人们，并成立"1351 技艺传承梯队"，为非遗技艺的传承培养了大批人才，使京作家具制作技艺更好地传承下去，让博大精深的中华瑰宝得以继续发扬光大。

◎ 课堂互动

> 中华文化是中华民族生生不息、发展壮大的丰厚滋养，也是中国工匠精神的文化沃土。以非遗文化为代表的中华传统文化最能彰显出中国工匠精神的传承和发扬。作为青年学生和中华传统文化的传承者，你认为应如何弘扬工匠精神，树立文化自信？

二、大国品牌

品牌的创新能力影响着一个国家的竞争力和国际地位，是企业的生命所在、灵魂所系。一个企业拥有工匠精神并推崇工匠精神，才能够经得起市场的风浪，做得出精品，成就大国品牌，助力品质中国。

近年来，随着中国综合国力的提升和中国制造的蝶变升级，国货正在破圈生长，国潮之风由"小众"逐步走入"大众"视野。无论是食品、服装，还是家用电器、智能汽车，在衣食住行的方方面面，越来越多的中国品牌开始引领消费潮流，将大国品牌所传达的文化自信与高度创新深入中国乃至全球消费者的心里，让每一个消费者真切感受到有情怀、有温度的大国品牌形象。

这些大国品牌始终坚持对品质的极致追求，代表了中国品牌的正能量。它们凭借过硬的产品品质和勇于承担社会责任的企业品格，践行着"质量树品牌"的理念，为更多中国企业的品牌建设指引了方向，向世界展示出中国制造的实力和新时代中国品牌的风采。

咫尺匠心 同仁堂：修合无人见，存心有天知

始创于 1669 年的北京同仁堂，至今已有 300 多年的历史，目前拥有现代制药业、零售药业和医疗服务三大板块，生产药品、医院制剂、保健食品、化妆品等 1 600 余种产品。同仁堂以"同修仁德，济世养生"为使命，不断强化质量管理，坚守工匠精神，先后荣获了"首届北京市人民政府质量管理奖""新中国成

立 70 周年医药产业脊梁企业奖"等荣誉称号。

随堂小记

中国百年老字号——同仁堂 ▶

　　走进同仁堂的大门，"仁德"二字便映入眼帘，体现了企业厚重的文化底蕴。仁德诚信，正是同仁堂一直倡导的质量文化，也是同仁堂的一大质量特色。如何才能做到"以质为命"？北京同仁堂的答案是在质量上追求"至优至精"。在生产过程中，同仁堂始终坚持"配方独特、选料上乘、工艺精湛、疗效显著"的制药特色，恪守"炮制虽繁必不敢省人工，品味虽贵必不敢减物力"的古训，为大众提供高质量的产品和服务。

　　炮制是中药生产的重要工序之一，是关系中成药、中药饮片质量安全和疗效的重要环节。在炮制的每一个环节中，稍有不当，中药材都可能会失去药效。中药材炮制是门"手艺活"，是所有中药生产工序中最苦最累的工作，洗、泡、切、蒸、炒、炙、煅等炮制加工需要常年与水、火、刀、剪打交道，劳动强度大、工作环境艰苦，没有对炮制工作的热爱很难长期坚持下来。同仁堂对手工操作极为重视，从其"炮制虽繁必不敢省人工，品味虽贵必不敢减物力"的古训中便可看出这一点。

　　而到了现代，同仁堂在创新地引进现代化设备后，也坚持做到精益求精，对产品负责，对消费者诚信。2013 年，同仁堂引进了一台新型小袋包装机，在设备验收期间，生产车间员工每天班前都会对设备进行检查。一天中午，生产车间监控员在对设备进行每两小时巡检时，发现设备上有一颗螺丝钉脱落了，监控员和班组领班及时叫停生产工作。因只能推测出螺丝钉脱落的大概时间，生产车间领导当即决定，将此时间段内包装的所有成品，共 94 箱，全部拆箱检查。因螺丝钉细小且为不锈钢材料，所以用手捏、用强磁吸都无法将其找出，只有将内包装复合膜袋剪开，逐一查找，才可能找到。94 箱成品共计 67 680 袋，所用复合膜约为 60 千克，公司不惜将其全部废弃，安排员工加班寻找脱落的螺丝钉，费时 7.5 小时，脱落的螺丝钉终于被找到。

　　一颗螺丝钉，67 680 袋复合膜袋——同仁堂为了一个仅仅 40 多克的小耗材，毅然舍弃了是其重量 1 500 倍的包材辅料。和 67 680 比起来，1 是个小数字，但这样的产品一旦流入消费者手中，1 就等于 100%。在同仁堂人看来，诚信的 1 比天还大。

历经 300 多年的风雨，同仁堂作为首批中华老字号企业历久弥新。安宫牛黄丸、同仁牛黄清心丸、同仁乌鸡白凤丸等一大批王牌名药家喻户晓，拥有同仁堂中医药文化、传统中药材炮制技艺、安宫牛黄丸制作技艺 3 个国家级非物质文化遗产项目和一批市级、区级非遗项目……这些荣光的背后，离不开一代又一代同仁堂人对"同修仁德，济世养生"初心的守护，以及对匠心精神的心口相传。

正是历代同仁堂人始终恪守"炮制虽繁必不敢省人工，品味虽贵必不敢减物力"的古训，树立"修合无人见，存心有天知"的自律意识，造就了同仁堂在制药过程中敬终慎始、精益求精的工匠精神，使得其产品以"配方独特、选料上乘、工艺精湛、疗效显著"而享誉海内外。

咫尺匠心　格力：用匠心创造世界品牌

对正在加速向中高端迈进的"中国制造"而言，"质量"二字重过千钧。企业作为国民经济的细胞，其良性发展显著影响着我国经济发展的平衡性、协调性和可持续性，格力电器便是这国民经济浩浩汤汤发展之中的质量坚守者之一。质量之魂，存于匠心，精益求精成就格力工匠

格力：让世界爱上中国造

精神。从 90 年代的"好空调格力造"到今天的"让世界爱上中国造"，多年来格力因"精工智造、匠心品质"在业内一枝独秀，并一直以极其稳固而坚实的步伐向前迈进，现已成为暖通行业的"领先者"。

"质量关系到两个生命，一个是消费者的生命，一个是企业的生命。"这是格力电器董事长董明珠常挂在嘴边的话。"对质量管理仁慈就是对消费者残忍。如果没有质量做支撑，营销就是行骗。"这可以说是对格力"匠心"的最佳诠释。

将品质等同于企业的生命，这是董明珠对企业质量管理给出的答案。"品质革命"早已深深刻在格力的发展历程中。

早在 1995 年，格力电器就率先成立了筛选分厂，对所有外协外购零部件提前进行筛选检测。这在行业内是独一无二的。依靠严苛的质量管理姿态，顺势而出的广告语"好空调，格力造"响彻中国大江南北，格力电器品牌效应深入人心。

为了追求更极致的产品质量，董明珠提出"8 年不跟消费者见面"的要求，也就是说格力空调要在 8 年内运行无故障。格力电器根据用户对产品可靠性、安全性的需求，制定了远远高于国家标准和行业标准的"格力标准"。从产品设计到零部件采购，从生产线到包装箱，从物流运输到安装维护，全过程地实行了严格的质量控

制。然而，这只是格力电器追求高质量的开端。

随着格力在国内的发展壮大，格力电器很早就开启了海外发展的步伐。2001年，格力电器第一个海外生产基地在巴西竣工投产，全部生产自主研发的格力空调，主要销往巴西及南美市场。随后，格力在巴基斯坦等地的生产基地相继建设投产。

空调里面含有大量铜管，越重说明用料越多。格力严谨地把控着空调的零配件质量，用料扎实，做工精良，因此"比普通空调重15千克"。然而，仅凭扎实的做工，格力空调还无法适应国际化发展的需要。"我们用好材料堆出来一个好产品，但它并不能被称为有技术含量的产品，我们所有的压缩机都是日本的。"董明珠说。

由于缺乏核心技术和研发能力，在海外发展早期，格力只能为其他家电厂商"贴牌"生产空调。在董明珠看来，这种为他人"贴牌"生产的发展模式只是简单地通过耗费廉价劳动力和工作时间来实现财富积累，这无异于为他人作嫁衣。打造自主品牌才是格力要走的路。

自2005年开始，格力投入大量人力、资金进行技术研发，"格力"这个品牌也逐渐在海外获得认可。2008年，国际金融危机冲击家电行业，多数企业因没有订单而陷入困局。据媒体报道，格力在当时拒绝了某世界知名家电品牌数百万台的空调贴牌生产订单。其目的就是在海外输出自己的产品和品牌，让全世界的人都信赖格力空调。

格力在1997年提出"好空调格力造"的口号，那时，格力还没有摆脱对国外技术的依靠。到2010年，格力提出"要掌握核心科技"的口号，此时的格力，已经在研发领域位列世界前沿。到了2015年，格力提出"让世界爱上中国造"的口号，其技术自信已经开始充分展现。

"格力从一个没有技术的企业，发展到自己掌控这一领域的核心科技，这是我们守住了自主研发这一阵地的结果，也是格力在中国市场达到近50%的份额，在国际市场上实现单品类销量第一的关键因素。"董明珠说。

也正是由于在空调领域掌握了核心部件的研发制造能力，格力目前正在积极通过核心部件的技术延伸，朝多元化的方向发展。目前，除了空调之外，格力还开发了晶弘、大松等全新品牌来生产冰箱、家用电器等，同时还进军手机、新能源汽车、装备制造等产业。

董明珠表示："如果格力始终在这个行业里领导技术的变化，那它就会永远是世界上最受欢迎的品牌。作为一个大国来讲，中国的制造业应该有能力去服务于全球，这也是我们的梦想，所以格力走多元化发展之路不仅仅是一个企业发展的需要，它还是社会变化的需要。"

"让世界爱上中国造，我们认为它是一种责任担当。格力的目标从来不仅是海外市场的开拓，更重要的还在于带领中国制造走出去，带着优质的产品走出去，携带高端技术走出去，最终实现品牌走出去，让格力的技术、产品服务于全世界。"董明珠表示。

精"工"细作，"匠"心智造，工匠精神流淌在每一个格力人的血液里。近年来，以工匠精神严格要求自己的格力人，走精品化路线，做精细化产品，从过去的"好空调，格力造"到今天的"让世界爱上中国造"，不只是口号，更是承诺的兑现。格力正是有了这样对产品质量精益求精的极致追求，才有了今天的"让世界爱上中国造"的豪气和底气。

咫尺匠心 华为：用匠心和创新改变世界

多年来，华为聚焦信息与通信技术（ICT）行业，坚持技术创新驱动，成为全球领先的 ICT 基础设施和智能终端提供商，创造了中国乃至世界企业发展史上的奇迹。在煤矿，华为 5G 远程操纵技术开启高效生产之路；在高原，华为智能光伏将这片土地逆变为绿电奇迹；在森林，华为云防野火于未"燃"，和护林人一起守护这片土地；在工厂，华为把数字世界带入每一辆车，加速智能汽车的演进。华为不但在科技创新方面取得显著成绩，还致力于跨界合作，以科技硬实力赋能，助推中国企业加速数字化转型，助力"中国制造"奔向"中国创造"。

华为：用匠心追求卓越

正如央视对华为的评价一样：以中华之名，凭奋斗探索科学无尽；以有为之势，靠实力攻克产业瓶颈。鸿蒙初开，麒麟面世，承受的锤打越尖利，发出的光芒越璀璨；厚积薄发，中国红的信念，映出科技自主的浓墨重彩。

华为创立之初，就坚持以质量立命、以品质代言，崇尚工匠精神。多年来，华为发扬工匠精神，坚定目标、专注执着、埋头苦干，一直把产品质量放在首位，对产品的每一个模具、每一款设计、每一个零件、每一道工序、每一个细节都精心打磨、专心雕琢。在品质中寻求创新，在创新中打磨精品。正是凭着这种凝神专一、不断求新的工匠精神，华为成为业界的标杆和质量管理的标杆。

为确保产品的品质，华为一直在同整个产业链共同合作，不断提升供应链中各个环节的产品质量。在每一个环节上下功夫，建立质量管理系统，做到精益求精。华为的创始人任正非表示："我们不关注供应商来自哪个国家，但必须达到我们的质量标准。高质量可以获得更多份额，华为要成为 ICT 业界高质量的代名词，需要和供应商一起扛起这杆大旗。华为更愿意选择那些能与华为深化协同、将优质资源投入华为的合作伙伴。"

华为为何要倡导工匠精神？任正非说："一是只有工匠精神才能提供消费者所需要的高品质产品和服务；二是只有工匠精神才能提供传世之物，让后代人对当代人保存一份记忆和敬意；三是工匠精神是治疗社会浮躁的一剂良药；四是工匠精神契合了供给侧改革的需要；五是工匠精神是走向全球、提升中国产品国际竞争力的需要。"

从华为的发展之路可以看出，华为其实一直在走自主创新之路。1987年，华为成立，代理销售交换机（一种用于电/光信号转发的网络设备）；1989年，华为开始走上自主研发之路，专注于 ICT 领域。从数字交换机到 GSM（全球移动通信系统）基站，从手机到平板电脑、笔记本电脑，从手机芯片到 5G 技术，从鸿蒙系统到电动汽车操作系统……华为创新硕果累累。

任正非说："我们鼓励员工做小改进，将每个缺憾都弥补起来，公司也就有了进步。"这种对"做小改进，弥补缺憾"的鼓励，正是精益求精、追求卓越的工匠精神的体现。

华为消费者业务 CEO 余承东说："手机工艺的每一次突破，都需要长期的投入和积累，就像巍巍昆仑山脉，经过了五亿年的积累、沉淀，才成为中华大地的脊梁。"在这种匠心雕琢之下，2022年，华为发布全球首款支持北斗卫星消息的大众智能手机。向上"捅破天"的卫星通信技术、"摔不坏"的昆仑玻璃、以"可变光圈"为核心的超感光 XMAGE 影像……华为匠心打造的产品，一次次地实现突破，不断重新定义中国制造，推动中国智造。

▶ 5G

现在一提到华为，人们首先想到的是华为手机、笔记本、平板、鸿蒙系统等。实际上，这些只属于华为的消费者业务，华为还从事运营商业务和企业业务等，包括运营商网络、企业无线、华为云、数据储存、机器视觉等。华为的通信产品线非常丰富，从接入、交换、数据、传输，从无线到有线、从服务器到芯片，都有自己的产品。华为不仅掌握着全球最多的 5G 专利，而且还是唯一可以提供 5G 端到端技术解决方案的供应商。5G 是下一个时代工业和智慧城市的重要支撑力量。煤矿、油田、钢铁、港口、交通、医疗、城市管理、智能制造等领域，都有华为工程师的身影。

在华为全联 2022 大会上，华为轮值董事长胡厚崑宣布，华为已成功实现 5G 远程采煤，即通过 5G 远程操控系统进行操控，让煤矿工作者从条件恶劣的工作环境中走出来，在办公室完成采矿工作。这也预示着，未来不久采煤工人再也不需要当"两鬓苍苍十指黑"的挖煤翁了。华为基于 5G、鸿蒙操作系统推出了矿山领域的首个物联网操作系统——矿鸿操作系统，彻底解决了井下作业的网络延迟问题。该系统的推出，推动矿山智能化运营向前迈了一大步。

2022 年，我国 5G 基站已达到 231.2 万个，总量占全球份额的 60%以上。而华为拿下了全球一千多个运营商 5G 合同，遥遥领先世界。我国在 5G 网络建设上领先世界，华为功不可没。

时至今日，数字经济已成为全球经济增长的新引擎。5G、云计算、大数据、人工智能等新型 ICT 技术，不断改变着人们的生产和生活方式，逐步将世界引入智能时代。作为中国乃至世界的 ICT 领域领头羊，华为突破壁垒持续创新，用匠心追求卓越，致力于把数字世界带入每个人、每个家庭、每个组织，构建万物互联的智能世界。

◎ 课堂互动

2017 年 4 月 24 日，国务院印发《国务院关于同意设立"中国品牌日"的批复》，同意自 2017 年起，将每年 5 月 10 日设立为"中国品牌日"。"十四五规划"中明确提出"开展中国品牌创建活动"。2022 年 8 月 5 日，国家发展和改革委员会等七个部门联合发布了《关于新时代推进品牌建设的指导意见》，其中的发展目标明确，即到 2035 年，中国品牌综合实力要进入品牌强国前列。我国品牌建设正迎来春天，民族品牌正展现"非凡的崛起"。对此，你有何看法？你认为我国企业应如何打造大国品牌的亮丽名片？

三、大国重器

国之重器，是护国利器，更是国之底气。中国特色社会主义进入新时代以来，科技创新推动着中国号巨轮乘风破浪、行稳致远。我国紧随时代发展步伐，勇立科技创新潮头，各项科技创新成果引起世界瞩目，以重大装备和超级工程为代表的"大国重器"取得了振奋人心的成就。

在令世人惊叹的大国重器背后，闪耀着中国飞速发展的科技之光。大国重器离不开大国工匠自主创新的智慧，也离不开国家的综合实力支持。一项项重点工程、一个个国之重器、一次次创新突破……从速度、跨度、精度、力度、深度等多个维度诠释了中国这十年来在装备制造和科技创新上的飞跃发展与不凡成就。

"天问""天和""嫦娥"叩问浩瀚苍穹，"奋斗者"号、"深海一号"挑战极限海深，中国高铁、中国大坝、中国桥梁、中国港口铸就中国名片……每一项带着

"自主知识产权"头衔的"中国智造"，都让中国底气倍增，引领着中国制造业不断攀上新的高度。

随堂小记

▲ 北盘江大桥

北盘江大桥横跨贵州北盘江大峡谷，全长 1 300 多米，是"世界最高桥"。在枯水期，桥面至水面的高度差能达到 565.4 米。

咫尺匠心　天宫空间站：载人航天事业的重大突破

太空探索是关乎人类未来的重要研究领域之一。载人航天技术的问世使人类走出地球，进入太空，开始了一个"空间文明"的新时代。建设空间站是人类载人航天技术发展到一定程度后才出现的里程碑事件。空间站工程能推动科技发展，促进人类文明进步，对于提升国家的整体科学技术水平有着重要意义，是衡量一个国家综合国力的重要标志。

1992 年，我国决定实施载人航天工程，并确定了"三步走"的发展战略，其中第三步就是要建造空间站。从天宫一号到天宫二号，经过 10 年的攻关研制，我国突破了一系列载人航天关键技术，做好了建设空间站的前期准备。从 2021 年到 2022 年，我国空间站关键技术验证和建造阶段规划的 12 次发射任务全部圆满完成，天宫空间站在轨建造完成。2023 年，中国空间站正式进入应用与发展阶段，转入常态化运营模式。目前，国际空间站已濒临退役，作为世界上仅有的两个现役空间站之一，天宫空间站将成为中国乃至世界探索太空的前哨站。

随堂小记

知识链接

　　天宫一号是我国载人航天工程发射的第一个目标飞行器，也是我国第一个空间实验室。天宫一号的成功发射标志着我国迈入航天"三步走"战略的第二步第二阶段，是中国空间站的起点。天宫一号于 2011 年 9 月 29 日发射升空；于 2016 年 3 月 16 日正式终止数据服务，全面完成了使命；于 2018 年 4 月 2 日主动离轨，陨落南太平洋。

　　天宫二号是我国载人航天工程发射的第二个目标飞行器，是我国首个具备太空补加功能的载人航天科学实验空间实验室，也是我国第一个真正意义上的太空实验室。天宫二号于 2016 年 9 月 15 日发射升空；于 2019 年 7 月 16 日终止数据服务；于 2019 年 7 月 19 日受控离轨，落入南太平洋预定安全海域。

　　天宫空间站是世界上第 3 座多舱段在轨组装建造空间站，其基本构型为三舱"T"字构型，3 个舱段分别为天和核心舱、问天实验舱和梦天实验舱。这是我国首个分次发射、在轨组装建造的大型复杂航天器，其研制流程具有统筹规划、多线并举的特点。

　　作为我国航天科技工业的主导力量，中国航天科技集团有限公司始终肩负着发展航天事业、建设航天强国的神圣使命和历史责任，圆满完成了多项令国人自豪、世界瞩目的重大航天工程，并培育了以"大国工匠"高凤林、崔蕴、韩利萍、徐立平、张舸、郑兴、王曙群、李峰和刘湘宾等为代表的杰出工匠人才。

　　天宫空间站的首个舱段——天和核心舱的密封舱体就是由郑兴团队焊造的。大型载人航天器的焊接，挑战焊工的最高水平。在真空的太空环境中，宇航员要在航天器中长久驻留、开展科学实验，一旦舱体出现裂缝，将直接威胁他们的生命安全。空间站核心舱舱体巨大，焊缝总长度超过 300 米，焊接时要高标准一次成型，难度极大，造型复杂的球面壁板舱体焊接更是从未有人挑战过。

　　气孔，是精密焊接最常见的缺陷。载人航天器 I 类焊缝的要求最为苛刻，不仅有严格的数量要求，最大气孔的直径也不能超过头发丝粗细，微小到肉眼无法辨别，只能通过专业 X 射线拍摄后，用放大镜才能看到。

　　郑兴团队反复研究，发现采用变极性等离子弧焊接能有效控制气孔缺陷。空间站焊接进入关键期，郑兴发现，一旦空气湿度超过 40%，试验件里的气孔数量和直径都明显增加。以往，他会把焊件局部升温，祛除湿气后迅速完成焊接。可空间站体积庞大，要想升温祛湿非常麻烦。反复琢磨后，郑兴想到了一个新办法：用两排烤灯直接加热工作面。采用这样的办法，即使是在潮湿的夏天，焊缝里的气孔也大大减少，空间站等大型航天器的焊接难题终于被攻克。这也意味着郑兴经常要在五六十摄氏度的高温下连续工作 1 个多小时。

在千千万万个和郑兴一样精益求精、不断创新的工匠的努力之下，我国天宫空间站的天和核心舱、问天实验舱、梦天实验舱及其运载火箭建造完成并顺利发射，2022 年 11 月 3 日，天宫空间站 "T" 字基本构型在轨组装完成。

中国空间站名为 "天宫"，这个极具中国韵味的名字，不仅蕴含了希望航天员在太空工作生活得更为舒适的愿望，更寄寓着中国人遨游太空的浪漫情怀和不懈探索的精神。作为中国人的太空家园，天宫空间站能使航天员在太空长期驻留和工作，同时作为我国的国家太空实验室，天宫空间站推动我国载人航天能力跻身世界前列，牵引我国空间科学与技术的深入发展，为人类的太空探索和空间技术进步贡献中国力量。

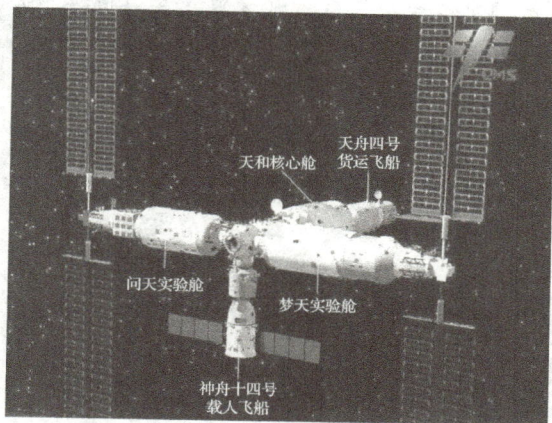

▶ 天宫空间站

匠尺匠心 "奋斗者"号全深海载人潜水器：深潜地球"第四极"

近年来，我国在载人深潜方面取得了显著突破，从 "蛟龙" 号到 "深海勇士" 号，再到 "奋斗者" 号，我国深潜技术不断成熟，中国深潜事业实现了从跟跑到并跑、再到领跑的世纪性大跨越。2020 年 11 月 10 日，"奋斗者" 号全深海载人潜水器在被誉为地球 "第四极" 的马里亚纳海沟成功坐底，坐底深度 10 909 米（坐底通常指的是某些可下潜的航行器，如潜艇、船舶或钻井平台，在不需要依赖外部动力的情况下，自主地完全降落到海底的行为），创造了中国载人深潜的新纪录。

"奋斗者" 号融合了 "蛟龙" 号及 "深海勇士" 号两台深潜装备的综合技术优势，不仅采用了安全稳定、动力强劲的能源系统，还拥有更加先进的控制系统、定位系统，以及更加耐压的载人球舱和浮力材料。此外，其部件的国产化率超过了 96.5%，实现了万米级全海深潜水能力作业功能覆盖，这标志着我国在大深度载人深潜领域达到了世界领先水平。

2002年，我国第一台深海载人潜水器"蛟龙"号项目正式立项，大学毕业刚一年的叶聪成为项目组成员。那时，深潜在国内仍是空白。参与"蛟龙"号项目第二年，23岁的叶聪担任总布置主任设计师，负责空间布局和作业流程的设计，之后，不同阶段"蛟龙"号最重要的设计图纸都出自他手。

水声通信是潜水器首要解决的难题之一，受条件所限，"蛟龙"号采取自主设计、自主集成研制的方式，很多设备和技术都从国外引进购买，但是水声通信技术却买不到。2007年，刘烨瑶大学毕业后进入中科院声学研究所工作，参与了"蛟龙"号水声通信系统的研究。在刘烨瑶和同事的努力下，"蛟龙"号成为全球首台应用高速数字水声通信技术的载人潜水器。

为了提升自主创新能力，2009年，我国第二台深海载人潜水器"深海勇士"号同步立项，它的作业能力虽然只有水下4 500米，但其采取自主研发的方式，关键部件国产化率达91.3%，主要部件国产化率达86.4%。在"深海勇士"号的研制中，刘烨瑶担任主任设计师，负责声学系统硬件设计及母船声学系统的改造，叶聪则担任副总设计师和总质量师，开始全面负责总体设计工作。

直径比头发丝还小的空心玻璃微球，与树脂基材混合加工成又轻又抗压的浮力材料，被视为深海潜水器的六大关键技术之一。20世纪50年代，美国、日本、俄罗斯等国开始研发这一技术，至今仍处于保密状态。为了攻克这项技术，20世纪90年代，中科院理化技术研究所的科研人员开始进行自主研发。

2009年，严开祺进入中国科学院研究生院读研，选择了空心玻璃微球的研究课题。研究生毕业后，他留在课题组工作。2012年夏天，他主动承担浮力材料的海试任务，三次前往海南，在海上漂了40多天。

2014年，"深海勇士"号立项的第五年，在一次课题汇报会上，"蛟龙"号总设计师看到了严开祺所在团队研发的浮力材料，而浮力材料正是当时"深海勇士"号面临的最大瓶颈之一。通过专家组的评审，"深海勇士"号决定采用严开祺所在团队研发的浮力材料。然而，要使浮力材料实现从实验样品到工程应用的跨越并非易事。严开祺说，难点在于，要保证浮力材料在深海的性能，就必须使小微球达到完全一致。两年多的时间里，严开祺和同事驻扎在实验基地，屡败屡战，不断精进技术，终于在2016年12月按时交付浮力材料。

2017年10月，"深海勇士"号成功完成海试，历经8年的艰苦攻关，它实现载人舱、浮力材料、锂电池、推进器、海水泵、机械手、液压系统、声学通信、水下定位和控制软件等10大关键部件的国产化，为深海载人深潜高端装备"中国制造"探索出一条切实可行的路径。

2016年，"奋斗者"号正式立项，是国家"十三五"规划中"深海关键技术与装备"的核心任务，目标是研制一台拥有自主知识产权、核心技术国产的全海深载人潜水器。在那之前，"蛟龙"号和"深海勇士"号已经为这个目标探索了14年时间。"奋斗者"号研发团队是一支朝气蓬勃的队伍，平均年龄仅 34 岁，35 岁以下青年比例达到 75%。

◀ "蛟龙" 号

"奋斗者" 号 ▶

　　"奋斗者"号的研发继续采用跨系统、跨单位、跨部门团队协作的方式，项目由中国船舶七〇二所牵头，中科院深海科学与工程研究所等 30 多家科研院所、高校、60 余家企业、近千名科研人员参与了关键核心技术的攻关。29 岁的严开祺成为"奋斗者"号结构系统副主任设计师，负责浮力材料的研发。32 岁的刘烨瑶担任"奋斗者"号声学系统主任设计师。

　　中国载人潜水器由集成创新向自主创新的历史性跨越由"奋斗者"号在挑战万米深潜中完成。"奋斗者"号坐底深度 10 909 米，这是海试中下潜的最大深度，创造了中国载人深潜的新纪录。完成坐底之后，"奋斗者"号进行了 6 个小时的作业和巡航，这是目前世界上万米深潜中持续最长的作业时间。

　　从"蛟龙"号、"深海勇士"号到"奋斗者"号，中国载人深潜研制团队以严谨科学的态度、自立自强的勇气、精益求精的匠心，践行"严谨求实、团结协作、拼搏奉献、勇攀高峰"的中国载人深潜精神，为我国科技创新树立了典范。

咫尺匠心　北斗：中国人自己的卫星导航系统

　　北斗卫星导航系统（BDS）是中国自行研制的全球卫星导航系统，也是继美国 GPS、俄罗斯 GLONASS 之后的第三个成熟的卫星导航系统。北斗卫星导航系统由空间段、地面段和用户段三部分组成，可在全球范围内全天候、全天时为各类用户提供高精度、高可靠定位、导航、授时服务，并且具备短报文通信能力，已经初步具备区域导航、定位和授时能力，定位精度为分米、厘米级别，测速精度 0.2 米/秒，授时精度 10 纳秒。

　　北斗星，自古为人们定方向、辨四季、定时辰。我国以"北斗"命名的全球卫星导航系统，实现了中国科技与浩瀚宇宙的时空接力。

随堂小记

当外卖小哥穿越城市车流将热腾腾的食物从餐厅送到你的手上时，他的行动轨迹会精准、完整地记录在外卖软件的地图上。"800米，600米，50米……"，看着目标越来越近，人们等待食物的焦虑被大大缓解。现代生活对各种位置信息的需求远远超出了人们的想象，智能终端内置定位芯片无时无刻不在接收太空中导航卫星发出的服务信号。现在，在全球范围内的任意区域、任意时刻都可以同时观测到8颗以上的中国北斗导航卫星，已经有137个国家与北斗卫星导航系统签下了合作协议，北斗导航的使用率已超过美国的GPS。

起步晚、底子薄，中国要独立建成世界一流卫星导航系统，曾被西方国家认为是不可能完成的任务。1994年北斗卫星导航系统正式启动建设，2020年北斗三号系统正式开通，历时26载，我国迄今为止规模最大、覆盖范围最广、服务性能最高、与人民生活关联最紧密的巨型复杂航天系统终于自主建成，为世界贡献出了全球卫星导航的"中国方案"。二十六载锻造，玉汝于成。从无到有，从跟跑到领跑，北斗系统用20多年走完其他全球卫星导航系统40多年的发展之路。

2019年4月30日，在纪念五四运动100周年大会上，习近平总书记在讲话中点赞了一批"青年英雄"，平均年龄35岁的北斗团队就是其中之一。在与卫星相伴的无数个日日夜夜里，这些年轻"工匠"们把青春芳华融入祖国的航天事业，用热血与奋斗点亮宇宙、筑梦太空。

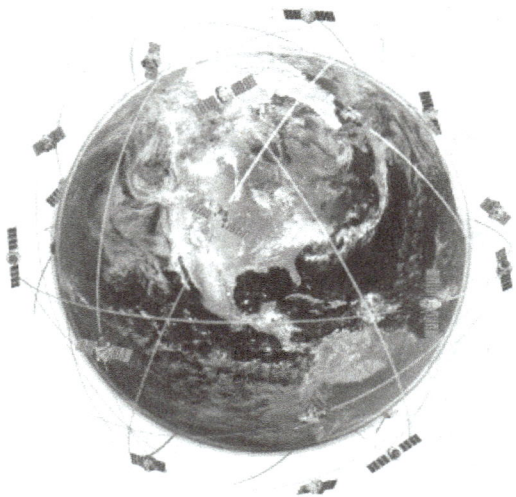

◀ 北斗卫星示意图

2020年，北斗三号最后一颗全球组网卫星发射成功。当时，担任长三乙火箭动力系统指挥的朱平平年仅30岁，已经是研制团队的骨干了。这个年轻的小伙不但非常敬业，还敢于打破传统。在点火发射前，长三乙火箭需要补加两次推进剂，这样的流程在中国航天领域已经沿用了近30年。朱平平成功地将两次补加"合二为一"，打破了这一传统，改变了这项30年不变的流程。

原来，以前的"第一次补加"，是为了预冷发动机，"第二次补加"，则是补充预冷时挥发的推进剂。一次补加，就需要上百条口令，要不断打开、关闭各种阀门。这不仅带来巨大的工作量，还暗藏了一些出错的风险点。

"有没有可能压缩流程呢？"朱平平和同事们大胆设想，让推进剂靠重力作用流入发动机，并适当延长预冷时间，以达到预冷效果，这样就能精简加压、泄压的流程，减少推进剂挥发。很快，朱平平的设想在地面试验中得到验证。不过，补加环节已经非常临近发射，任何一点小失误，都可能造成不可挽回的损失，必须反复推敲、反复验证。

"这个事情，可不是讲一个故事那么简单，必须考虑到各个层面的因素，比如，推进剂挥发与温度等因素有关。"朱平平说，他和团队就此又开展了多次大型试验。他们要做的，就是证明这种方法在不同季节、不同时段、不同温度条件下，都能成功——只有这样，新方法才会被认可，这群年轻人，才能真正改变30年不变的推进剂补加流程。

如今，长三甲系列火箭的发射场工作，周期一步一步缩短，流程一步一步优化：从一开始的50～60天，到现在的20～22天。这背后，就有推进剂补加流程改变的功劳。

"我们的每一步改进，离不开汗水和智慧，更离不开老一辈航天人打下的基础。"朱平平说，为国铸箭，是他们这一代航天人的责任，这不仅需要他们继承老一辈航天人严慎细实的作风，还要胆大心细，敢挑重担，有敢于创新的勇气。

北斗系统的背后有许多像朱平平一样的年轻工匠和科研工作者，正是在他们的上下求索和坚韧意志下，北斗人走出了一条自主创新、追求极致的发展道路，培育出了"自主创新、开放融合、万众一心、追求卓越"的新时代北斗精神。

◎ 课堂互动

你还知道哪些大国重器呢？你知道在建造这些大国重器的过程中，科研人员和技术人员做出了哪些努力吗？请结合你的认识谈一谈吧。

▲ 视野纵横

北斗卫星导航系统入选"2022全球十大工程成就"

2022年12月15日，中国工程院院刊《Engineering》发布"2022全球十大工程成就"，北斗卫星导航系统等全球十项工程成就入选。

北斗卫星导航系统开通后，已成功应用于交通运输、海洋渔业、水文监测、地理测绘、电力调度、救灾减灾、气象预报和应急搜救等领域，产生了显著的经济和社会效益。

　　"全球十大工程成就"指近五年在全球范围内完成、具有全球影响力并产生显著经济和社会效益的工程创新重大成果，能够反映某个或多个领域当前工程科技最高水平。评选活动由中国工程院院刊《Engineering》学科编委会和中国工程院"全球工程前沿"项目组专家联合组成评选委员会，遵循独立、客观、科学的原则，经过全球征集提名、专家遴选推荐、公众问卷调查，最终确定。

　　除北斗卫星导航系统外，"2022全球十大工程成就"还包括嫦娥探月工程、新冠病毒疫苗研发应用、猎鹰重型可回收火箭、港珠澳大桥、超大规模云服务平台、詹姆斯·韦布空间望远镜、复兴号标准动车组、太阳能光伏发电和新一代电动汽车等。这些工程成就既包括与当前人类福祉息息相关的重大创新，也包括推动人类向地球以外探索的巨大努力，并且都显示出工程科技的重大价值，为人类文明进步提供不竭动力。此前，5G、极紫外光刻系统、"中国天眼"FAST望远镜等均入选此项荣誉。

资料来源：http://www.beidou.gov.cn/yw/xwzx/202212/t20221231_25633.html，有改动

四、大国青年

　　大国青年什么样？他们用青春改变祖国，义无反顾；他们把青春热血融进祖国山河；他们用青春把不可能变为可能，还有的他们永远留在了青春里……百年来，时代在变，大国青年的责任始终不变，他们始终走在时代前列，向世界证明大国青年了不起！

　　新时代，是追梦者的时代，更是广大青年成就梦想的时代。新时代的青年学生应积极响应时代号召，主动向青年模范看齐，投身时代洪流，自信昂扬、踔厉奋发、勇毅前进，勇敢地担当起党和人民赋予的历史重任，成为青春亮色的主力军，用青春的智慧和热情的汗水，写意出"大国青年"动人风景线，成就"大国青年"时代拼图！

课堂互动

　　大国崛起，匠心筑梦。一批又一批坚定卓越、勇于奉献的青年工匠们投身梦想，为新时代技能人才队伍注入新的活力，为社会主义建设事业贡献力量。

　　大国工匠呼唤青年力量，建设制造强国需要青年力量。作为学生，你认为青年一代应如何传承和弘扬工匠精神，用青春姿态向世界展现大国风采？

知行 合一

新征程　新突破
——微电影讲述中国故事

活动任务

　　自 2015 年以来，以央视新闻为代表的媒体平台推出了多个工匠系列节目，如《大国工匠》《匠心闪耀》《非凡匠人》《大国重器》等。这些节目的播出对弘扬工匠精神、传播工匠文化做出了巨大贡献，也向世界展现了我们的大国风采。

　　请学习这些节目的"镜头语言"，查阅相关资料，结合自己对大国工匠、大国品牌和大国重器的理解，自创剧本，利用搜集的素材和拍摄的素材，制作一个微电影，并上传到网络上，以青春之声向世界讲述中国故事。

活动分组

　　班级学生自由分为若干个小组，每个小组 4～6 人。各小组选出组长并由组长根据组员的意愿和能力进行任务分工，然后将小组成员及分工情况填入表 6-1 中。

表 6-1　小组成员及分工情况

班级		组号		指导教师	
小组成员	姓名	学号		任务分工	
组长					
组员					

活动准备

　　（1）了解我国大国工匠、大国品牌和大国重器的相关信息，确定微电影的主题定位和制作思路。

　　（2）熟悉微电影的制作流程和要点，学习视频拍摄和剪辑技巧。

按照任务分工实施活动，并将具体的实施情况记录在表 6-2 中。

表 6-2　活动实施情况

时间安排	实施步骤
	（1）小组成员开展头脑风暴，根据提前确定的主题定位进行剧本策划、编写。
	（2）小组成员分工制作分镜头脚本。 （注意由组长或组长指定一个人负责总体的统筹工作）
	（3）根据脚本需要下载网络素材。
	（4）根据脚本需要拍摄所需素材。 （注意提前准备服装、道具，安排拍摄地点、参与拍摄人员等）
	（5）小组成员分工完成微电影的后期制作工作。 （后期制作工作包括剪辑、配音、配字幕、加特效等）
	（6）各小组在课堂上展示精心制作的微电影，并评选出 3 个"匠心之作"。

综合 评价

请学生本人、小组成员、指导教师针对学生在本项目的实际学习成果进行评价，完成表 6-3 所示的学习成果评价表。

表 6-3　学习成果评价表

班级		组号		日期			
姓名		学号		指导教师			
项目	评价内容		分值	自评	互评	师评	
理论知识（20%）	能了解大国工匠的特点和作用，并能讲出几个大国工匠的事迹		5				
	能掌握打造大国品牌的重要意义，并阐述工匠精神对于品牌和企业的重要性		5				
	能介绍几个大国重器，并领会其所彰显的工匠精神		10				
活动实施（40%）	积极参与课堂内外交流，认真做好实践活动准备		10				
	勤于实践，勇于创新，在活动中表现积极，充分发挥个人作用		10				
	微电影叙事结构严密，内容有深度，展现了我国的大国风采		10				
	微电影的拍摄手法、表现手法具有创意，剪辑流畅、制作精美，字幕、配音等效果良好		10				
综合素养（40%）	具备自主学习意识和独立思考能力，富有探索精神		10				
	具备团队合作意识和协作能力，富有责任感		10				
	富有爱国情怀，能够自觉弘扬工匠精神，坚定技能报国的理想信念		20				
总评	自评（20%）+互评（30%）+师评（50%）=						
自我评价							
教师评价							

133

学思 践悟

学习完本专题内容，请结合自身实际情况，写下你的所学所得、感悟体会与成长目标吧！

所学所得

感悟体会

成长目标

专题七

内化工匠精神　争做青年工匠

知识目标

- ✓ 理解工匠精神对新时代青年的意义
- ✓ 掌握践行工匠精神的途径

素质目标

- ✓ 树立崇高的职业理想，坚定走技能成才、技能报国之路
- ✓ 增强职业使命感和社会责任感，自觉践行工匠精神，努力成为守正创新、奉献社会的青年工匠

匠 心 初 探

他们的青春匠心，焕发新时代勃勃生机

▲ 潘雪正在制作印制工艺品星星树

潘雪，贵州省黔东南州凯里市苗族银饰锻造技艺非遗传承人。大学毕业后，潘雪开始拜师学艺做银匠。她通过短视频记录银饰制作过程，提升人们对中华优秀传统技艺的关注度。此外，她还与周边银匠师傅合作交流，为家乡发展做出贡献。

刘嘉豪，长沙窑铜官陶瓷烧制技艺市级非遗传承人。关于陶艺，素有北有"天津泥人张"，南有"望城泥人刘"的说法。出生在陶艺世家的刘嘉豪是"泥人刘"的第四代传人。

刘嘉豪将铜官窑瓷器与现代柴烧技艺有机结合，创办了"铜官柴烧"品牌，自建了湖南省第一个现代无烟柴窑；他还期举办陶艺雅集、研学等活动，分享铜官窑的文化魅力；将陶瓷文化融入当地民宿、餐厅设计中，吸引更多的游客到访。

▲ 刘嘉豪柴烧作品《隐龙》系列（其一）

▲ 黄种杰作品《情怀》

黄种杰，福建省泉州市安溪县人，"95后"藤铁工匠。他改变了上一代工匠"按图来料加工"的生产模式，在藤铁工艺中融合了中国传统元素，设计出的新产品深受国外进口商的青睐。从 Made in China 到 Made by China，从潮流的追赶者到潮流的创造者、引领者，藤铁技艺在黄种杰这一代工匠手中焕发出蓬勃生机。

青春点亮梦想，匠心传承文化，新生力量的加入正为传统非遗注入新鲜血液。历史悠久的传统文化与朝气蓬勃的年轻人，两者的碰撞激荡起朵朵浪花，这是青春匠心与传统文化的双向奔赴，也是一场发源于历史深处的梦想接力。

思考与探究

今天的年轻匠人们是如何让一项项古老技艺焕发出青春活力的？作为新时代青年，你认为自己在日常生活中可以通过何种方式传承和弘扬工匠精神，让世界看到新时代中国的蓬勃生机？

一、新时代青年更需要工匠精神

中华民族是历史悠久、饱经沧桑的古老民族，更是自强不息、朝气蓬勃的青春民族。在 5 000 多年源远流长的文明历史中，中华民族始终有着"自古英雄出少年"的传统，始终有着"长江后浪推前浪"的情怀，始终有着"少年强则国强，少年进步则国进步"的信念，始终有着"希望寄托在你们身上"的期待。千百年来，青春的力量，青春的涌动，青春的创造，始终是推动中华民族勇毅前行、屹立于世界民族之林的磅礴力量！

时代各有不同，青春一脉相承。实现中国梦是一场历史接力赛，新时代青年要深刻认识工匠精神的重要性，做工匠精神最坚定的传承者、弘扬者、实践者，在实现民族复兴的赛道上奋勇争先。

（一）执着专注，谱写奋斗青春

正所谓"心心在一艺，其艺必工；心心在一职，其职必举"，用心专一，执着专注，才能成就一番事业。

时间是陶冶匠人的熔炉，专注是成就大师的阶梯。人的一生很长，长到悠悠万事难以穷尽；人的一生很短，短到毕其一生难成一事。要想拥有一个别样的人生，最可靠的路径就是拒绝"差不多"，瞄准目标，追求卓越，用一生做好一件事。

保持专注是一项高级别的修炼，青年学生要学会取舍，懂得拒绝，善于给自己的人生做减法，把时间、精力和智慧投入到最重要的事情上，避免事事上心却事事无成。

陆寅，1998 年 3 月出生，江苏省江阴市人，2013 年中考失利后，他抱着技能成才的信念，进入中船澄西高级技工学校，开始了自己的求学之路。在众多专业中，陆寅选择了焊接专业，并立志成为一名顶级焊工。

焊接的训练环境恶劣难耐，高温、烟尘、噪声、射线……为了实现自己的目标，陆寅冬练三九，夏练三伏。盛夏的车间，室内温度高达 40℃，没有空调也不能吹风扇，还得穿着厚重的工作服，保持一个焊接姿势长时间不动，每次训练完，他的衣服都能拧出汗水来。被弧光灼伤眼、被溅出的焊花烫伤皮肤也都是常事。

陆寅：执着专注，
争当青年工匠

凭借着钻劲足和不轻言放弃的态度，陆寅的专业技能提升得很快。于是，他被选入校集训队，开始接受更加专业的培训。很快，陆寅获得了第一个省级大奖，被选入江苏省集训队，获得了国家级大赛的入场券。经过半年紧张的训练，2016 年，陆寅夺得全国职业院校技能大赛焊接项目一等奖，并获得了保送本科的机会。

毕业后，陆寅凭借扎实的专业技能和丰富的实践经验，顺利入职江苏焱鑫科技股份有限公司。他怀揣着对焊接的热爱和憧憬，选择了难度最大、工作最苦的压力容器生产车间的焊工岗位。2018 年，单位下派给陆寅一项重要生产任务——2 000 吨吊梁的生产。平时，单位大多数人接触到的都是普通低合金钢，低合金钢焊接性良好、不容易产生缺陷，而此次陆寅面对的是高强度结构钢，这种钢极易产生焊接缺陷。正式接手这项工作前，他仔细查阅了相关资料，终于研究出一套可靠的焊接方案，并圆满完成了任务。

2020 年年底，为了让更多技校学子学得一技之长，成为焊接行业的"状元"，陆寅受邀成为江苏省靖江中等专业学校的一名实习指导教师。2022 年，陆寅获得"江苏省职业院校焊接技能大赛"教师组一等奖。这位年轻的教师、焊接人才凭借执着专注的精神，在火花四射中"焊"动着人生光亮。

课堂互动

> 有人说，每个人都应该干一行、爱一行，无论做什么工作，都要脚踏实地，奋发努力；也有人说，任何人都不能勉强自己，只有爱一行、干一行，才能发挥主观能动性，激发出个人的兴趣和潜力。针对这两种观点，你怎么看？

（二）精益求精，延展人生厚度

"不求最好，但求更好"是对精益求精最好的诠释。从古至今，大凡功勋卓著者，多是勤奋务实、追求完美之人。例如，曹雪芹于悼红轩中"披阅十载，增删五次""字字看来皆是血，十年辛苦不寻常"，在字斟句酌、精益求精的精神指引下，《红楼梦》震撼世人。历经时代淘洗和先贤实践，精益求精的精神已融入国人血液，并日见厚重。

在纷纷扰扰的社会中，青年学生只有沉下身、静下心，使"精益求精"成为一种习惯，每做一件事，都将自身潜力发挥到极致，才能抵达人生新境界，不断延展人生厚度。

"我想做一个属于自己的擎天柱。"这是 5 岁的孟凡东在看完动画片《变形金刚》后对爸爸说的话。儿子的一句玩笑话并没有引起爸爸的注意，但这份稚嫩的机械梦却在儿时的孟凡东心里扎了根。

长大后，为了完成自己儿时的梦想，孟凡东毅然决然地选择了机械装配专业。骨子里不服输的个性让他有一种干出一番成绩的冲劲。在一次盲配件训练中，老师评价孟凡东的作品达到了课堂要求，他却一直不甚满意。下午 5 点，其他同学都已陆续离开操作室去吃晚饭，他还在雕琢手中的作品。直到凌晨两点，他才制作出一个自己比较满意的作品。第二天被来上课的同学喊醒，他才发现自己在训练室中睡着了。

"00 后"大国工匠孟凡东

▲ 第七届全国职工职业技能大赛钳工赛项冠军，"00 后"孟凡东

走上工作岗位后，孟凡东始终不忘初心，勤奋钻研，做任何事情都追求精益求精。当得知公司要开展第七届全国职工职业技能大赛选手选拔时，孟凡东毫不犹豫地报了名。报名后，孟凡东便开始闭关训练。他认为，钳工比赛就是精度和速度的较量，可谓决胜于毫厘之间。为训练锉削时双手的敏感度，每一刀切削他都用明确的数据指标衡量——锉刀精加工锉削 3 次，切屑量控制在 0.01 毫米。这意味着，他必须练成平均每刀 0.003 毫米的"肌肉记忆"。"钳工最重要的是手感。集训 4 个月，光是锉刀就练废了三四十把。"孟凡东说。

功夫不负有心人。从料峭春寒到炎炎烈日，再到深秋微寒，孟凡东的汗水换来了第七届全国职工职业技能大赛钳工赛项的冠军头衔。

（三）一丝不苟，练就过硬本领

一丝不苟、认真细致的工作态度，对产品质量乃至行业发展都意义非凡。"一丝不苟"体现了高度负责、敢于担当的职业道德。航天科技集团铣工李峰，高倍显微镜下手工精磨刀具，即使 5 微米的公差也要"执拗"返工。中国能源建设集团陈远春，数十年累计完成各类爆破任务 1.5 万余次，保持零事故率的骄人纪录，他每次爆破前都反复提醒自己，"细节，细节，除了细节，还是细节"。

中国商飞上海飞机制造有限公司钳工胡双钱说："每个零件都关系着乘客的生命安全。确保质量，是我的最大职责。"在国产大飞机 C919 研发和试飞阶段，他担任首席钳工，经手的零件无一出现差错。大飞机作为"国家名片"，是中国制造强国的重要体现。胡双钱等一大批"大国工匠"，用一丝不苟创造了举世瞩目的伟大奇迹。

细节决定成败，态度决定高度。成功的奥秘往往隐藏在细节之中，一颗小小的螺丝也会影响机器的运作，一次不经意的疏忽也可能造成巨大的损失。青年学生在学习和工作中，只有坚持严谨细致的做事风格，将一丝不苟融入血液，才可能练就过硬本领，最终成长为年轻有为的新时代青年工匠。

2022 年 10 月 10 日至 15 日，第 46 届世界技能大赛特别赛数控铣项目在德国举行，来自 20 多个国家和地区的 24 名选手参赛。经过 6 天的激烈角逐，来自广东省机械技师学院的周楚杰获得数控铣项目的金牌。

数控铣项目考察的是选手对零件的工艺安排和尺寸精度的控制，需要选手通过电脑软件编程加工刀路，再操作数控机床，利用数控铣刀切削铝合金和 45 号钢，同时要根据图纸要求控制工件尺寸精度，公差范围不能超过 0.02～0.03 毫米。这是一场速度、精度和脑力的较量。

"把零件做得漂漂亮亮，很有成就感。"周楚杰说，数控铣项目入门有难度，想要实现突破更是难上加难，只有靠量的积累，才能换来质的突破。

为了台上的一分钟，周楚杰从 2016 年暑假就进入了数控铣项目竞赛小组，开始了与数控设备为伴的日与夜。"为了这次比赛，我每天都刻苦训练，做好各种突发情况的应对措施，严控零件的细节，精益求精。"周楚杰这样描述自己的备战过程。

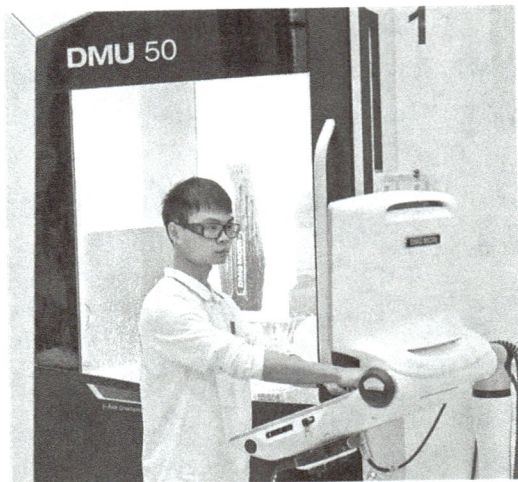

▲ 2022 年世界技能大赛特别赛数控铣项目，在比赛中的周楚杰

在学校老师看来，周楚杰身上有一股韧劲和冲劲。集中训练的环境十分艰苦，周楚杰所在的密闭车间内没有空调，极其闷热，一旦启动加工，车床还会持续散热，但他却不受影响，总能严格要求自己，克服教练设置的种种干扰，紧盯工件的尺寸精度，出色完成训练任务。这样一丝不苟、认真细致的工作态度和肯吃苦、能坚持的品格让他在持续不懈的训练中磨砺出了过硬的专业技术。

站上冠军领奖台的那一刻，周楚杰放声呐喊。几年间备赛的压力和辛苦，都在这一瞬间得到了释放。

（四）追求卓越，担当时代重任

追求卓越是工匠精神的灵魂，是在工作中对"更上一层楼"的不懈追求。中华人民共和国成立以来，尤其是改革开放以来，不断创新、追求卓越已成为建设社会主义现代化强国、实现中华民族伟大复兴中国梦的关键推动力。

在以智能制造为主导的第四次工业革命的浪潮中，中国制造业正在努力实现由"中国制造"变为"中国智造"的全面战略转型。中国智造不仅需要科技的主导，更加需要具有追求卓越精神的人。青年学生在未来将成为中国智造的主力军，只有对所学知识或研究的事物始终存有好奇心，并勇于打破常规，在思维方式、研究方式和创新手段上因时因事而变，才能最大程度激发自身的才能，通过自己的创造性劳动取得创新成果，不断推动各领域实现技术突破和整体提升，从而担负起时代赋予的重任。

二、新时代青年如何践行工匠精神

大国工匠呼唤青年力量，新时代青年应充分认识到工匠精神的重要价值，涵养内心定力，做工匠精神的践行者，在百舸争流、千帆竞发的时代洪流中勇立潮头、展现风采。

（一）修炼"匠心"，厚德至诚

匠心是匠人对事物追求完美的一种情感和态度，是匠人对事业恪守初心的一种操守和信念。守卫航天员"生命之门"的载人火箭"解锁专家"于卫东，让文物重焕光彩的三星堆文物修复师杨晓邬、郭汉中，扎根戈壁、守护国家电网安全的孟晓鑫……这些在不同岗位上的劳动者不易匠心，以执着专注的精神为国人树立了典范。

干事创业，始于初心，臻于匠心。践行工匠精神，要求新时代青年持续修炼匠心，在日常生活中学习大国工匠"一砖一瓦徐徐垒"的耐心，合理规划自己的学习与生活，摒弃浮躁和速成之心；学习大国工匠"一凿一砌缓缓雕"的恒心，为自己的目标不懈奋斗，不害怕失败，失败后也仍然能做到"从哪里摔倒，就从哪里站起来"，持之以恒地为理想而奋斗；学习大国工匠"一分一毫细细琢"的精心，静下心来钻研遇到的难题、一点一点地雕琢自己的"作品"……

步入职场后，新时代青年应继续修炼匠心，把工作当作事业，努力做好每一项工作，养成总结和复盘的习惯，保持旺盛的学习热情和积极的学习态度，在平凡的岗位上磨砺出不平凡的自己。

1958 年，邓稼先在接受研制原子弹历史重任的那天晚上，对妻子说："我的生命就献给未来的工作了，做成了这件事，我的一生都会过得很有意义，就算死了也值得。"谁也不曾想到，他一走便是杳无音讯的 28 年。在茫茫大漠荒滩中，他苦干惊天动地事，却甘做隐姓埋名人，为中国核武器事业耗尽毕生心血。临终时，他念兹在兹的仍是"不要让人家把我们落得太远"。

扎根荒漠的，还有"敦煌的女儿"樊锦诗。她是风华正茂的北大高才生，却告别恋人和优渥的生活，用大半生年华守护荒野大漠的 700 多座洞窟。退休多年来，她每年仍有大半时间在敦煌，潜心研究石窟。她说："国家把你培养出来，你怎么报国？就是要去做实际的工作。尽管我老了，但能为敦煌做的事，还是要做的。"

一个个熠熠生辉的名字，标注着一段段奋斗征程，始终指向国家富强、民族振兴、人民幸福的光荣梦想。

◀ 伏案工作的邓稼先

在莫高窟考察现场的樊锦诗 ▶

这些杰出先辈的故事也让"天下者，我们的天下；国家者，我们的国家；社会者，我们的社会。我们不说，谁说？我们不干，谁干？"成为无数当代中国青年的共同心声。2016 年，黄文秀硕士研究生毕业后主动放弃大城市的工作机会，毅然回到家乡，在脱贫攻坚第一线倾情投入、奉献自我。她说："我要回去，把希望带给更多的父老乡亲，为改变家乡落后面貌尽绵薄之力。""90 后林海卫士"王德朋，毕业后选择深入内蒙古大兴安岭北部原始林区腹地，秉持着"苦地方、累地方，建功立业好地方"的信念，克服北疆冬季零下 50 多摄氏度的极寒考验，与战友们一道战天斗地，守护着 95 万公顷原始林和 200 余千米中俄边境线的防火安全，用青春践行"最北、最冷、最忠诚，最偏、最远、最放心"的铮铮誓言。无数有志青年为祖国奉献、为人民奋斗，用赤子情怀与辛劳汗水谱写了壮美的青春赞歌。

"90 后林海卫士"
王德朋

（二）磨炼"匠技"，精工至善

在央视系列节目《大国工匠》中，焊工张冬伟在超薄钢板上用焊枪"绣花"，14千米繁难焊缝无一漏点；车工裴永斌仅靠双手触摸，就能把握毫米级精度；钳工宁允展在0.05毫米的研磨空间里实现高铁列车转向架"定位臂"研磨。"宝剑锋从磨砺出，梅花香自苦寒来"，事业的成功离不开工匠们对匠技的打磨，这种积淀没有捷径，需要的是如燕子垒窝般从无到有的不懈努力。

匠技是工匠从业的立身之本。践行工匠精神，要求新时代青年不断磨炼匠技。在校期间，青年学生应全面掌握专业知识，严格要求自己，积极参与专业课实训，在练习中逐步掌握技能要领；踊跃报名参加各级各类职业技能竞赛，在实践中不断精进技能；依托产教融合、校企合作，深入工厂，参与社会实践，在企业高工、行业专家、专业教师一对一、手把手的指导下，熟悉新设备，学习新技术，融入社会生产实践，全面提升自己的专业技能，为将来的就业打好基础。

进入职场后，新时代青年更要以大国工匠为榜样，在工艺知识和技能方面下功夫，培养对工作一丝不苟、孜孜不倦的态度，专注磨炼匠技，不断追求从完成到完美的过程。

2022年11月，福建厦门"95后"护士王洋"飞针采血"的视频走红网络。他用拇指与食指轻轻一弹，短短几秒，患者还未感觉到疼痛就迅速完成采血的过程，引发无数网友点赞。有网友说："把一件平凡事做到极致，体现了医者的大爱和仁心。"

"医者，仁术也，博爱之心也。"王洋平时接触的患者都是10岁以下的孩子，小孩通常都害怕扎针。王洋把患者的疼痛看在眼里，放在心里，下定决心找寻一种减轻患者痛苦的扎针方法。得知医院里有经验丰富的同事练就了"飞针"采血的技能，王洋感到十分佩服，便专门去向他请教。

"最开始是用泡沫练习，用粗的记号笔画线，一次次扎，等到百分之百准确扎进去的时候，再换成细的线。"为了这个"百分之百"，王洋付出了大量的时间和精力：他深入思考，仔细评估血管位置、力度深浅、皮肤弹性和脂肪厚度，只为在反复的练习中迅速做出准确判断；他在上下班途中反复琢磨手法，刻苦练习，只为形成稳定的肌肉记忆；他反复多次进行采血测试，在上万次的探索与实践中把"飞针采血"运用自如。

王洋表示，"飞针"采血已经在很多临床实践中应用，只要肯下功夫练习，基本都能掌握。现在很多同事都来向他学习"飞针"技巧。自己的专业技能得到大家的认可，他非常开心。他说："今后我不仅会继续练习'飞针'采血，也会不断提高打针、输液等方面的技能，更好地服务更多的患者。"

◎ 课堂互动

荀子有言："锲而舍之，朽木不折；锲而不舍，金石可镂。"你是如何理解这句话的？

（三）铸炼"匠魂"，创新致远

《礼记》有言："苟日新，日日新，又日新。"匠魂在于匠人的创造力，在于将天马行空的灵感完美落实。也就是说，创新是工匠精神的一种延伸，令匠人价值得以进一步升华。

现今社会，信息化和科技化发展日新月异，青年作为国家的新生力量，亦步亦趋走老路，必然跟不上时代的步伐。践行工匠精神，要求新时代青年追求卓越，开拓创新，在实践中铸炼匠魂。在校期间，青年学生要敢于挑战书本、挑战权威、挑战固有思维，勤于思考、善于质疑，培养自己的创新意识；要积累基础知识，深入理解知识之间的联系，并主动探索未知的领域，激发自己的创新兴趣和欲望，培养自己的创新能力；积极参与学校组织的各种创新活动，在实践中不断强化自己的创新能力，生成匠意、匠思和匠智……

职场中的青年一代应当向大国工匠们看齐，紧盯科学、技术、产业、管理的前沿，在基础研究、重大项目、重点工程中保持推陈出新的意识和干劲，捕捉创新创造的每一个机会与灵感，力争在本职岗位上有所发现、有所发明、有所创造，通过实践不断推进创新，切实提高自身独立思考的能力和独立处理各种复杂问题的能力，不断铸炼自己的匠魂，共同开创"满眼生机转化钧，天工人巧日争新"的崭新篇章。

▲ 视野纵横

赋予传统文化新活力的年轻人

窑火烨烨向未来

浑身是孔，却滴水不漏。这是景德镇四大传统名瓷之一玲珑瓷的特别之处。由于制作难度极大，传世的玲珑瓷作品很少。吕雅婷从小在景德镇长大，留学归国后，接手了父亲创办的富玉青花玲珑陶瓷有限公司（简称"富玉"），正式跟着老师傅学艺。

富玉玲珑瓷创新产品 ▲

　　玲珑瓷的每种颜色都有独家配方，釉料配制比例甚至要精确到 0.1 克。在三年多的时间里，吕雅婷带领团队不断调整比例，经过百余次烧制试验，终于在传统白色玲珑釉的基础上，研制出翡翠微晶玲珑釉，并申请了国家专利。

　　在坚守传承的同时，吕雅婷决定与洛可可创新设计集团合作，共同推出更符合当下年轻人审美、更具趣味性和功能性的玲珑瓷产品。随意组合的胶囊杯、旋转的陀螺杯、趣味减压的表情杯、摇摆的素玲珑不倒杯……富玉的创意为传统陶瓷文化注入了新的活力。

伞下自有小人间

　　刘伟学是余杭油纸伞非遗技艺第三代传承人。2015 年，他从爷爷手中接过纸伞技艺传承的衣钵。

　　凭着对油纸伞的热爱和平时所学的专业设计知识，刘伟学对油纸伞进行了创新。他在传统色的基础上改良创新，调出了春蓝、荷叶绿、西坞红、流云白等精美颜色，将春、夏、秋、冬四季都画进了油纸伞中；改用压缩竹做伞骨，让伞变得更加轻盈；将传统的桃花纸改为韧度十足的手工皮纸，让伞更经受得住风雨；换用味道更淡、光泽更细腻的木蜡油；将现代潮流元素融入油纸伞；打造迷你版材料包，供人们体验从伞骨到完整纸伞的制作过程……传统的技艺加上现代化的创意设计，余杭油纸伞很快有了新的模样。

　　出自他手的油纸伞，去过意大利米兰设计周，还在北京故宫展览上亮过相。现在，刘伟学常常带着老师傅们开展非遗进课堂活动，他希望未来有更多的年轻人了解和学习这门手艺。

◀ 刘伟学的油纸伞作坊

亮相米兰的"米蓝"纸伞 ▶

茶乡"后浪"做好茶

　　2022 年 11 月，中国传统制茶技艺及其相关习俗申遗成功，其中就包括武夷岩茶制作技艺。茶香飘世界，叶叶匠人心。聂霖是土生土长的武夷山人，16 岁那年正式拜师入门学习武夷岩茶手工制作技艺。

　　传统的手工制茶工艺有着采摘、萎凋、摇青、炒青、揉捻、烘焙等十多道工序。聂霖说，刚开始学炒青时，面对温度高达 260℃～280℃的炒锅，手如果不小心贴到锅面就会掉一层皮。但最苦的还是摇青，因为在每一个制茶季，都要通宵摇青。让鲜叶与鲜叶之间相互碰撞、摩擦，直至形成茶香。摇青是每位年轻制茶人迈入这一行业的必修课。

　　经过十几年的打磨，聂霖获得了众多证书和奖杯。作为新一代年轻制茶人，他不但要坚守这份传承，还要给传统制茶加入现代化的活力。例如，针对青年爱茶人士，聂林在制茶时进行了探索性创新，并保留茶叶传统的香味和鲜爽度，征服年轻人的味蕾。

聂霖闻茶香 ▲

　　一方庭院，一片天地，一杯好茶，一段人生。钟灵毓秀的武夷山水赋予了一片树叶新的生命力，而如今这片神奇树叶背后所蕴含的文化内涵也被越来越多的人所熟知。

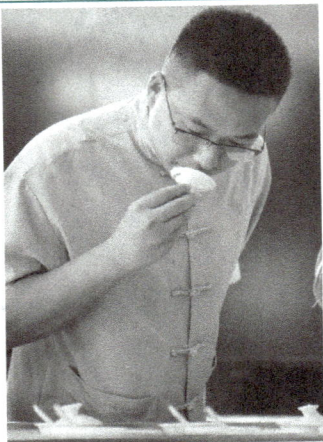

三、承先辈之精神，创吾辈之未来

　　工匠精神一直流淌于中华民族的血脉之中，曾造就了我们民族的百业兴旺、空前繁荣，一部中华文明史凝聚着历朝历代工匠们的智慧和创造。商代青铜器、秦朝兵马俑、唐宋瓷器、恢宏的故宫、精美的苏州园林、蜿蜒万里的长城、绚丽神秘的敦煌壁画和彩塑、巧妙绝伦的赵州桥……这些珍贵的历史遗存无一不说明工匠精神推动着一代又一代人不断创造，直至构筑起文明的万里江山。

继往开来薪火传，
匠心共筑中国梦

　　当今世界正经历百年未有之大变局，我们比以往任何时候都更接近中华民族伟大复兴的目标。社会主义是干出来的，新时代是奋斗出来的。实现中国梦，为全体人民创造更美好的生活，需要我们每一个人持续付出艰苦卓绝的努力。青年兴则国家兴，青年强则国家强。青年一代有理想、有本领、有担当，国家就有前途，民族就有希望。中国梦是历史的、现实的，也是未来的。青年有行动力，国家才有活力。因此，新时代青年应从中华民族的伟大传统中提炼和梳理出属于新时代的工匠精神，并将之传承和弘扬下去，锲而不舍、驰而不息地为实现民族复兴大业努力奋斗。

知行 合一

精技能　长本领

——工匠精神青年说

活动任务

　　大国崛起，匠心筑梦。投身梦想的青年工匠们为新时代技能人才队伍注入了新的活力，为广大青年学生树立了榜样。在你的眼中，新时代的工匠精神是怎样的？你又如何去传承与弘扬它呢？请以"工匠精神"为主题开展一次演讲比赛（题目自拟，围绕主题展开即可）。

活动分组

　　班级学生自由分为若干个小组，每组 4～6 人。各小组选出组长并由组长根据组员的意愿和能力进行任务分工，然后将小组成员及分工情况填入表 7-1 中。

表 7-1　小组成员及分工情况

班级		组号		指导教师	
小组成员	姓名	学号		任务分工	
组长					
组员					

活动准备

　　（1）邀请教师担任演讲比赛的主持人及评委。

　　（2）了解并熟悉演讲比赛流程。

　　（3）各组分别推选一名组员作为演讲比赛的工作人员，辅助教师组织开展演讲比赛。

活动实施

按照任务分工实施活动，并将具体的实施情况记录在表 7-2 中。

表 7-2　活动实施情况

时间安排	实施步骤
	（1）根据商定好的分工，小组成员各自进行搜集资料、整理资料、形成文章、演讲等任务。 （组员分工可以有交叉，但必须保证每位小组成员都能参与到活动中）
	（2）各组在规定时间准时到场，由组长抽签决定演讲顺序。
	（3）每组挑选代表上台演讲，演讲完毕后，由其他小组就演讲内容提问，参赛代表必须在 1 分钟内做出即兴回答。
	（4）评委参照下列标准对参赛代表进行打分，与下列标准的贴合程度越高，得分越高。 演讲内容： ① 思想内容能紧紧围绕主题，观点正确、鲜明，见解独到； ② 材料真实、典型、新颖，实例生动、反映客观现实； ③ 讲稿文字简练流畅，结构严谨，构思巧妙。 语言表达： ① 演讲者语言规范，吐字清晰，声音洪亮； ② 演讲流畅、自然。
	（5）由工作人员统计各组所得分数。
	（6）评委对演讲比赛进行总结并宣布最终结果。
	（7）所有选手演讲结束后，各组成员通过不记名投票方式，选出最佳演讲者。 （各组成员投票时，也可参照评委评价标准进行）

综合 评价

请学生本人、小组成员、指导教师针对学生在本项目的实际学习成果进行评价，完成表 7-3 所示的学习成果评价表。

表 7-3　学习成果评价表

班级		组号		日期			
姓名		学号		指导教师			
项目	评价内容		分值	自评	互评	师评	
理论知识（20%）	能简要阐述工匠精神对新时代青年的意义		10				
	能掌握践行工匠精神的途径，并能说出青年学生在日常生活中践行工匠精神的具体做法		10				
活动实施（40%）	积极参与课堂内外交流，认真做好实践活动准备		10				
	勤于实践，勇于创新，在活动中表现积极，充分发挥个人作用		10				
	演讲稿紧扣主题，逻辑严谨，角度新颖，构思精巧，措辞恰当		10				
	演讲精彩有力，情感真切，内容深刻，具有鼓舞性和感召力		10				
综合素养（40%）	具备自主学习意识和独立思考能力，富有探索精神		10				
	具备团队合作意识和协作能力，富有责任感		10				
	具备守正创新意识，能够自觉践行工匠精神，立志做新时代青年工匠		20				
总评	自评（20%）+互评（30%）+师评（50%）=						
自我评价							
教师评价							

学思践悟

学习完本专题内容，请结合自身实际情况，写下你的所学所得、感悟体会与成长目标吧！

所学所得

感悟体会

成长目标